君は捨てたものじゃない！

仲野好重［著］

キリスト新聞社

扉絵：遊馬大空『道化』

はじめに

あれは確か二〇一三年のことだったと思います。カトリック新聞社の大元麻美さんからカトリック新聞にエッセイを連載してくれませんか、というお申し出を頂いたのは。毎週の連載は、怠け者の私には難しいと察してくださったのでしょう。月に一回の連載で始めましょうということになり、同年の終わりごろから連載が始まりました。紙面でのタイトルを、「若者へのメッセージ　不安社会の中で逆流を生き抜く」と付けていただき、毎月一回の生みの苦しみならぬ、生みの喜びの経験が始まりました。

このたび、百三十回分の連載をまとめて出版することにいたしました。今読み返してみますと、その時々の社会問題や時代背景の変化を感じますが、普遍的なことは何も変わっていないと、改めて感じています。人間の世の続く限り、他者に誠実でいることや、互いの信頼関係を築くことは、時代を経ても変わることのない大切なことであると思います。また、世界中で争いが絶えないことも悲しい事実ですが、同時に、人間は愛なしには生きられないことも忘れてはならない事実です。エッセイの中では幾度か戦争や平和について書きました。しかし、「平和」と口で叫ぶだけでは不十分であり、実践の重要性を突き付けられたのも、この連載のおかげでした。

私が天職であると信じて疑わない教育の仕事は、地道な努力が求められる道です。毎月、エッセイを書きながら、日々出会う学生たちのことをよく考えました。エッセイの題材になりそうなエピソードはないかと、日々のやり取りからヒントをもらおうとしたことがあります。しかし、悩みや葛藤の真っただ中にいる学生は、決してエッセイの題材にはなりませんでした。待って、待って、待って、ようやく葛藤という名のトンネルを抜け出て、彼らが自分の心で感じ、頭で考え、自らの足で歩き始めた時、初めてその人ならではのエピソードが生まれます。その時まで、私にできることは祈りながら「待つ」だけです。

昨今のデジタル化の影響を受けて、これからの将来、紙媒体を通じての情報発信がどの程度生き残っていけるのか、私は懸念しています。私はやはり紙に書かれたものが好きです。好きな時にめくることができて、角を折ることができて、書き込みをしてもよい紙媒体が好きです。書き込んだものを後になって読む時、こんなことをあの頃の自分は考えていたのか、と自分の心の変化に出合うこともできます。
この本を手に取ってくださった方にお願いします。書き込んだり、角を折ったりしながら読んでください。最初から読む必要もありません。その時の気分でたまたま開いたページをお読みください。一話完結のエッセイ集です。あなたに読んでいただけるこのご縁に感謝申し上げます。ありがとうございます。

仲野　好重

目次

【二〇一七年】

目次

【二〇二〇年】

【二〇二一年】

【二〇二二年】

【二〇二三年】

本書の聖書書名および章節箇所、引用は、断りのない限り『聖書　新共同訳』（日本聖書協会）によっています。

1　本当の自分と使命

進学、キャリア選択、就職活動、そして将来設計……。場面が違っても、若者たちは絶えず人生の選びを迫られているように思います。しかし、人生は計画通りには展開しないもの。思ったように進まないのが人の一生と、最初から覚悟を決めてかかった方が良いようです。

私が出会ったある学生は、長い休みごとに海外ボランティアへ出掛けて行き、卒業後はアメリカ留学の希望を持っていました。よくよく話を聞いてみると、「今ここに生きている自分は本当の自分ではない」と言うのです。つまり、外国という異なる環境に身を置けば、今まで見えなかった「本当の自分」が見えてくると思い込んでいました。

しかし、今ここに生きている自分以外に自分は存在しません。すべてはありのままのこの自分だけ。問題は、この自分をどう受け入れるかです。清濁併せ持っているのが人間なのですから、丸ごとの自分を受け入れた上で、この自分からスタートするしかない。世界中を行脚したところで、本当の自分に出会えるわけではありません。

人生の目的の一つは、自分の使命を生き抜くこと。与えられたこの命をどのように使うのかが日々問われています。ですから「自分は○○だ」などと決めつけてはいけません。命の使い道が制限されてしまいますから。「自分には□□もできそうだ」とチャンスを与えてみることです。努力や苦労は想定内。あなたにしかできない命の使い方が、本当の自分を作っていくのです。それを信じて一歩ずつ。

2　人に結ばれ、人を結ぶ

これは、人間塾で私がよく言っている言葉です。

この言葉に私が込めている思いは、単純なものです。自分が何らかの恩恵を受けた者であるならば、それに気付いた時からすぐに、少しずつでもいいから、周りにお返ししなさいと。

自分に何かを与えてくれた人自身に返すことだけが、返すことではありません。日々の中で出会う知人はもとより、道で出会った通りすがりの人にまで、自分がしてもらってうれしかったことを、与えられて幸せに感じた事柄を、お裾分けすることを求めているのです。

これが人に結ばれていることへの感謝であり、誰にでもできる、そして今すぐにできるお返しだと、塾生たちに対して私はいつも語っています。

私たちはすでに生まれた時から何らかのご縁に結ばれている。自分の努力とは関係なく、生まれてきた時の状況に関係なく、親に結ばれ、社会に結ばれ、世界に結ばれ、広い宇宙からの恩恵を受けて生きることを許されました。誕生後の初めての自力呼吸も、無条件に与えられる酸素のおかげです。

最初から無条件に「結ばれた」存在である人間は、人生を通して、今度は「結ぶ」存在にならなくてはなりません。結ばれているだけでなく、人を結ぶ存在に。これは私たちに与えられた生涯をかけての課題です。自分が今まで頂いてきたものを、人生が終わるまでの間に、どのように、どれくらいの熱意をもって、誰に与え尽くすのか。新年を機に、覚悟を決めてこの使命を考えてみませんか。

3　報われない人生

あなたが、さまざまな努力を積み重ね、並大抵ではない苦労を乗り越えてきたとします。その結果が自分の思ったようなものでなかったら、あなたはそれをどのように受け止めるでしょうか。今までの努力は水の泡だった、あの苦労も結局は無駄。「なんて自分は不幸な人間なのだろう」と思うかもしれません。

積み重ねてきた努力が目指したものは、一体どんな目標だったのでしょうか。人間は極めて具体的な生き物ですから、単に「楽しく生きる」とか「豊かになる」ことを目指すだけでは、努力の方向性が定まりません。満足いく人生を送るために、より具体的な目標を据えて、努力を重ねるのです。

しかし、思い通りに行かないのが人生の常。努力すれば必ず報われる、なんて幻想にすぎません。大切なのは、努力のかいもなく、苦労を乗り越えてきたことも評価されず、自暴自棄の誘惑に出合っても、なお前を向いて生きようとする姿勢なのです。

私の敬愛する精神分析家のヴィクトール・フランクルは、「人生にその意味を問うてはいけない。人生の方があなたに生きる意味を問うている」と言い残しました。この言葉をよくかみしめてみましょう。この時、人と比べることは厳禁です。人生はその人にとって絶対的価値を持つものであり、人との比較で相対評価されるものではありません。

波瀾《はらん》万丈、苦しい人生のように見えても、あなたにしか見いだせない深い意味があるはずです。報われないと感じることはあるでしょう。しかし、意味のない人生はこの世に一つもないのですから。

4　運命を前にしての生きる力

人生経験の中身は、大きく分けて三つあります。一つ目は、自分の持つ知識や情報を駆使して十分に考え、心で感じ取り、最終的に自分の判断で選び取った結果、経験するもの。ここには自分の意志が働いていますので、希望をもって、事に臨むことができます。たとえ望まないような結果が生じても、自分で工夫を重ね、挑戦し続けるでしょう。ただ自分の選択には自分で責任を取るというおまけが付いてきます。

二つ目は、権威者や指導者と称する人にレールを敷いてもらっての人生経験。よくあるケースは、親の強い希望での進路決定や、教師の言うままに偏差値だけで学校を決めてしまう場合。もし望むような結果にならなかったら、必ずと言っていいほど、当事者は「人のせい」にしたくなります。自分の意志で選択した経緯がないので、文句を言う先は「他者」なのです。しかし、自主自立の課題はいつまでも残ります。

三つ目は、自分ではどうすることもできない、半ば運命と言っていいような事柄に直面する経験。この時に問われているのは、思うようにならない現実を前に、人生に対してどのような態度を持ち続けるかということです。くじけず、ひるまず、投げ出さず、なおかつ生き続ける強さが求められます。

過保護、過干渉はもちろんのこと、放任、無関心も困ります。若者がその人らしく人生を構築できるための手助けを、私たち大人はやらなくてはなりません。どうすることもできない現実に立ち向かう力、そんな生きる力の種まきを。

5　愛するとは腹を決めること

エーリッヒ・フロム（ドイツの心理学者・哲学者）は「愛は感情ではなく、愛は技術である」と言いましたが、この言葉に一瞬「えっ」と思われる方もおられるでしょう。愛は技術である以上、磨きをかけて熟達を目指すものです。感情に溺れることなく、むしろ冷静に、しかし熱い思いで実行しなくてはならない、匠《たくみ》の技のようなものです。

「そんなに訓練が必要ならば、誰も人を愛せなくなるじゃないか」と反論が聞こえてきそうです。いいえ、誰でも、いつでも、どこに居ても、愛することは始められます。しかし、少しばかりの根気が必要ではありますが……。

私は、「人間塾」でたくさんの学生たちと日々出会います。好むと好まざるとにかかわらず、私はこの学生たちとのご縁を頂いてしまったのです。一度ご縁があれば、ましてや彼らの人生の深い部分に触れる立場であればなおさら、彼らを大切にするという責任があります。しかし、現実的には、目の前にいるありのままの人間を愛することは、相当難しい課題です。

ですから、私は毎日決意するのです。上手にはできないだろうが、少なくとも愛する努力を精いっぱいしますと、毎日決意をします。これが私に今できることであり、いつでも、どこに居ても、自分の意思さえあれば始められることだと思うのです。キリストでさえもゲツセマネで決意されました。今から裏切りが待っているというのに、すべての人間を愛すると、腹を決められたのです。

愛の技術を磨くには、まず覚悟です。やってみるか、やってみないか。その結果は大きく違ってくることも、皆さんはご存じのはず。

6　自然体で共に生きる

私が小学生のころ……今から四十年以上前の話です。一クラスは四十人以上、にぎやかな光景が今でも思い出されます。その中でも忘れられないのは、同じクラスにいたK君のこと。彼は、低学年の時に交通事故に遭い、大けがをしました。一年近くも入院生活を送り、学校に戻ってきたのですが、再会したK君は言葉を忘れ、文字の読み書きも出来ず、運動機能も著しく低下していました。

しかし、私たちクラスの仲間は、K君の生還がただうれしく、彼と一緒に居られることを喜びました。一カ月後に運動会を控えたある日、リレーで走る順番を決めるためにホームルームが開かれました。この年の運動会の目玉は、一学年六クラスの子どもも全員がリレーに参加するということでした。すなわち一クラスの走者は四十人全員。

ホームルームで子どもたちが出した意見は、まずK君を何番目に走らせるか、その時誰がK君の手を持って伴走するか、K君が他のクラスの走者に抜かれた場合、誰がその前後を走って差を縮めるかなどでした。

その日のホームルームの光景は美しく感じられました。すべては一番〝小さく弱い〟K君を中心に回っていました。そして誰もがそれを自然に受け入れ、自分にできることを探しました。K君の伴走者、その前後を走る足の速い子たちもすべて立候補で決まりました。

K君は私たちクラス全員をつなぎ合わせてくれる核のような存在でした。幼い頃はごく自然に「共に生きる」ことができました。今はどうなのか？　自問自答は続きます。

7　人生はいつでもやり直せる

毎年五月の連休に、人間塾主催で小豆島《しょうどしま》八十八箇所（香川県）のお遍路研修を開催しています。今年も塾生二十五人が、白衣《びゃくえ》に身を包み、頭に菅笠《すげがさ》、手には金剛杖を持って四日間を歩き通しました。

この小豆島八十八箇所の霊場（寺や庵《いおり》など）は、千二百年前に弘法大師空海が開創したと言われています。スペインのサンティアゴ・デ・コンポステーラを目指す巡礼者の情景と重なるところがあり、いつの時代も洋の東西を問わず、人間は何かを求めて歩き続ける者だとつくづく思います。

四日間で約七十キロの行程です。山岳地帯に点在する五十五箇所の霊場を歩き訪ねます。今年で三回目の開催ですので、すでに八十八箇所すべてを回り、結願《けちがん》を達成した塾生もおりました。お遍路は何回参加してもよいですし、どこから始めても、どこで終わっても大丈夫。いわば、ぐるぐる循環する円環型の巡礼です。

一方、サンティアゴ・デ・コンポステーラなどはゴールが設定されている直線型巡礼です。目的地にたどり着くことで巡礼は終焉《しゅうえん》します。しかし、日本のお遍路は終わりがありません。もちろん、結願という「達成感」はありますが、いったん、お遍路を始めたら、死ぬまで続く修行となります。

私は、この円環型のお遍路は、人生そのものだと思うのです。昨日終わったところから、今日また始めればいい。一度目の経験よりも次回はもっと上手にできるはず。私たちは、やり直しを許されている存在です。なんと寛大で温かい〝手〟の中に居ることでしょう。誰のものかは存じませんが。

8 「命」を「使い尽くす」生き方

最近、「使命」についてよく考えます。自分に与えられた「命」を、どう「使い尽くす」のかは、誰の人生にとっても大きな課題です。自分に課せられている役割をはじめ、自分にしか生きられない人生のありように思いを巡らし、自分と対峙《たいじ》することからは、誰も逃げることができないのです。

「使命」は英語で「ミッション」と言いますが、同時に宣教、伝道、天職という意味もあります。私自身、カトリック学校で育ちましたが、母校の敷地の一角に宣教と教育に人生をささげた外国人修道女のお墓がありました。在学中、私は、そのお墓を訪ねるのが好きでした。実際に会ったこともない修道女たちの名前を眺めながら、この人々はどんな思いで異国の地に骨を埋めたのだろうと想像するのが好きだったのです。

それぞれが遣わされた場所で命を使い尽くす生き方、それがミッションであるならば、私たちはどこに遣わされているのでしょうか。「使命」を生きるということは、望んだ場所に行ける保証もありませんし、やりたいことができるという約束も期待できないのです。「やりたいこと」よりも、「やらねばならないこと」と共に生きることの方が多く、時には「やりたくないこと」を求められるのが「使命」です。

「やらねばならないこと」をコツコツと生き抜く中で、自分の命の使い方を知る。そしてその先に、「やりたいこと」が見えてくる。今この場所で、自分にできることを精いっぱいやってみることが大切なのです。人生の終わりに、「あっ、これが私のミッションだったのか」と見せていただけることを信じながら。

9　祈りが人をつなぎ結ぶ

先日、北鎌倉（神奈川）にある臨済宗の名刹《めいさつ》、円覚寺を初めてお訪ねしました。毎年開催される夏期講座は今年で七十九回目となり、その講師陣の末席にお招きいただいたからです。

私が講演会に用意していった話のポイントは、「人間は個であり孤であるが、一人一人が孤独を共有している結ばれた存在である」という、一見パラドックスに響く事柄でした。

歴史ある禅寺の雰囲気に背筋をピンと伸ばして、会場となっている大方丈に向かいました。入り口に近づくと大音量が聞こえてきます。そこでは、九百人にも上る人々が一斉に声をあわせて経《きょう》を上げておられるところでした。

高い声と低い声、通る声にしわがれた声が一つになって、不思議なハーモニーを響かせているのです。何が有り難いのかは分からないのですが、思わず涙がこぼれそうになりました。老若男女すべての人が、一つの大きな船に乗り、まるで大海原へ進んでいくかのような雰囲気だったのです。

確かに一人一人は「個」であり、孤独を背負って生きている存在です。しかし、円覚寺で見た祈りの光景は、「自分一人だけが寂しく苦しい存在なのではない。ここに居る人間は皆同じものを背負って生きているのだ」と私に示しているかのようでした。私たちは孤独から逃れることはできません。しかし、孤独を持って生きていることを、互いに共有することはできるのです。祈りによって一人一人がつながり、結ばれることができるんだと、再認識した経験でした。

私の講演ですか？　もちろん、祈りの力に支えられ、無事終了いたしました。

10　ゆっくり向き合い丁寧に生きる

数年前から書道を習っているのですが、大きさの決まった紙の上に、どれだけの奥行きと幅広さを湛《たた》えるかという神髄からはほど遠いのが現状です。紙から字がはみ出したり、真っすぐ引いた線がゆがんでいたりと、その難しさに悪戦苦闘しています。

私の先生は、勢いのある字こそゆっくり書く、と常に言われます。すなわち力強さや勢いがあるということと、スピードに乗せて早く筆を動かすこととは違うということなのです。ゆっくりじっくり、考えながら丁寧に書く。感情にまかせて筆の流れるままではいけないのです。

私が高校生の時ですが、当時の校長の講話の中で忘れられないエピソードがあります。次のような内容でした。

「建て付けの悪いドアを閉める場面を想像してごらんなさい。ドアが閉まる最後の最後まで、ノブを握るあなたの手から力を抜いてはいけません。さもないと、手を離した途端にドアは大きな音を立ててバタンと閉まることでしょう。最後の最後まで指の先まで神経を行きわたらせてドアを閉めること、これが丁寧に扱うということなのです」

私は時折、このお話を思い出すのです。大切な局面であればあるほど、ゆっくりと丁寧に扱わなくてはなりません。それが目の前にいる人間であれば、なおのことです。最後まで力を抜かないで丁寧に向き合うこと。面倒くさくても手を離してはいけないのです。慌てて急ぐほど見過ごすものが多いはず。ゆっくりじっくり、考えながら丁寧に生きたいものですね。

11　多様な社会、普遍の価値観

ここ数年、よく耳にする言葉の一つに「価値観の多様性」というものがあります。私はこの言葉に疑問を持っています。それは、長年関わってきた教育現場での出来事が発端でした。小学校や中学校といった校種にかかわらず、教育に熱心ということは大変結構なことです。学校に対して建設的な問題提起をする保護者の存在は貴重です。

しかし、無理難題の申し入れに始まり、学校への批判や教師たちへの誹謗《ひぼう》中傷を口にする保護者にも出会いました。私の経験から言いますと、彼らは「価値観の多様性」を、履き違えているのではないかと思うのです。

例えば、「わが子がテストでいい点を取れなかったのは、そのような問題を作った教師の責任である」とか、「わが子の秘めたる運動能力を認めてくれないから、今年もリレーのアンカーに選ばれなかった」というような申し入れです。

中学校までは義務教育なのだから、何を言おうとそれらを受け入れるべきであると、保護者が居直るケースもあります。それは一般常識から考えても少し外れているのではないかと進言すると、価値観の多様性を認めないのか、と切り返してくる始末。

多様な背景を持つ人々が存在するのが現実の社会です。しかし、同時に私たちは共に生きていかなくてはなりません。多様性のある社会だからこそ、普遍の価値観を見つめ直すのです。それは、いのちへの愛、人間への愛です。すなわち「互いが愛し合うこと」の真面目な実践に他なりません。今この時、これ以上に何が必要というのでしょうか。

12　賜物を受け入れそれを生き抜く

進路指導や就職支援で、「なりたい自分になれる」「自分のやりたい職業に就こう」という言葉を耳にすることがあります。なりたい自分になって、やりたい仕事で頑張ることができれば、それは素晴らしいことです。しかし、すべて自分の思い通りになる人生を手に入れることなどできるのでしょうか。

最近、私は、運命についてよく考えます。自分ではどうすることもできない事柄に遭遇する時、運命に翻弄《ほんろう》され、流されてしまうことがあります。その流れに抗《あらが》って努力を続け、道を切り拓《ひら》く人もいるでしょう。その人の強い意志が問われる瞬間です。

しかし、私などは運命を前にして諦めの気持ちがすぐに湧いてきます。そこでふと考えるのです。自分に与えられた特徴も可能性も、自分では変えることのできない運命であり、向き合い方によっては、賜物《たまもの》にもなるし、落とし穴にもなる。与えられたものに対して、どう応えていくのかが人生の宿題なのだと。

善いも悪いも含めた丸ごとの自分が、好悪織り交ぜた運命という名の賜物とどう格闘するかが問われています（賜物とはいえ人間の目には好ましく映るとは限りませんが……）。日々の地道な努力と高邁《こうまい》な理想を失ってはいけません。そして同時に、必ず降りかかってくる人生の困難を前にして、それから逃げないでほしい。運命の壁を乗り越えようとする力を育てたい。自分は捨てたものではないと信じてほしい。そうすれば、若者たちの持つ何かが騒ぎ出すのではないかとひそかに期待しているのです。

13　当たり前の日々を生きる意味

「刺激のある劇的な人生を生きてみたい」と熱望する若者に出会ったことがあります。彼は、何の変哲もない当たり前の人生は価値がない、と決めつけていました。一度きりの人生、目まぐるしい変化の中でドラマチックな生き方をすべきだと信じていました。

しかし、絶えず感動を味わったり、喜怒哀楽が刺激されるような出来事に遭遇したりするわけではありません。ありきたりの時間が重ねられていくのが、日常なのです。よって、彼は自分の成長を実感できないと感じ、落ち込みました。自分の人生がこのまま何のストーリーも持たない、平々凡々な人生になってしまうのではと焦りました。

私は彼に次のように言いました。

「人生のストーリーは、自分で作り上げるもの。日々の出来事はすべて点でしかない。無数の点の寄せ集めが人生。だから、それらの点と点を線で結んでいくのが人生での課題だ。どう結ぶかは自分の生きる姿勢によって決まるもの。その姿勢は毎日毎日、何の変哲もない日常をどれだけコツコツと生きているかで決まるのだ」

　すべてのいのちは意味を持っています。しかし、劇的な人生を送ればその意味が見えてくるのではありません。平凡を自分らしく生きる、当たり前の事柄に真面目に向き合う、これらのことをおろそかにして、人生の真の意味など分かるのでしょうか。その人の人生が唯一無二の存在であることが腑《ふ》に落ちるまで、長い時間がかかるもの。焦らなくてもいいのです。

　それが証拠に、キリストの降誕の意味を、私たちは二千年以上も求め続けているではありませんか！

14　個人主義と利己主義

小説家の夏目漱石が、今から百年前、ある大学で講演をしたその内容を読む機会がありました。演題は「私の個人主義」。そこで漱石は、大切なことを三つ挙げています。

一つ目は、自分の個性に合った生き方を見つけなさい、しかし同時に自分の個性だけでなく他人の個性も尊重し認めるべきである。

二つ目は、自己の所有する権力には、付随する義務があること。

三つ目は、自己の経済力にはそれに伴う責任があること。

そして漱石は、「倫理的に、ある程度の修養を積んだ人でなければ、個性を発展する価値もなし、権力を使う価値もなし、また金力を使う価値もないという事になる」（大正三年〈一九一四年〉十一月二十五日学習院輔仁会講演より）とまとめています。

個人主義を貫けば、結果として自分と相手の意見の相違に遭遇し、それでもなお相手を尊重し受け容《い》れる努力が必要となる。同時に、互いの意見に相違があるのだから、個人主義は「淋《さび》しさ」を内包した生き方なのだと言い切っています。

漱石は百年前に個人主義の真の意味を説き、それを正しく理解していない場合は利己主義しか残らないと示唆しています。つまるところ、やはり人格形成が大切だということです。

百年たって、成熟した個人主義は育ってきたでしょうか？

「淋しさ」を抱えながらも自分の道を歩く強さが養われてきたのでしょうか。長いものに巻かれ、仮面をかぶって本音を隠す。結果は、居心地の良い仲良しクラブです。互いにぶつかり合うことを恐れず、同時に信頼を築けるための叡智《えいち》はいずこに。この一年、じっくり考えたいテーマです。

15　ペンが剣よりも強くあるために

二〇一五年一月七日、フランス・パリで武装した複数犯に新聞社が襲撃されるという事件が発生しました。多くの犠牲者を出したこの事件、一カ月近くたった今でも私は「風刺」とは何か?と考え続けています。

テロは絶対に許されない、また人命はいかなる場合にも第一に大切にされるべきものであり、暴力をもってそれを脅かすということはあってはならないと承知した上で、忸怩《じくじ》たる思いを巡らせているのです。

風刺とは、「①遠まわしに社会・人物の欠陥や罪悪などを批判すること。②それとなくそしること」(『広辞苑』第四版、岩波書店刊より)という意味であり、機知と批判的思考に富んでおり、受け手の想像力を刺激するものでなくてはなりません。あからさまで直接的な表現は風刺としては一流ではありません。

昨今の風潮をよくよく見回してみると、下品で残酷な情報に人は群がり、直接的な刺激を求める傾向にあります。すなわち、どこでも、いつでも、誰にでもすぐに分かるような情報でないと、私たちは満足しない。じっくり考えて、ゆっくり味わうという本来の思考プロセス（過程）を使わずして、私たちは答えを欲しがるのです。

しかし、誰にでもすぐに分かるような直截《ちょくせつ》的表現そのものは、もはや「風刺」の魂を失っています。同時に、さまざまな宗教の伝統や文化的背景には敬意をもって接することは言うまでもありません。言論の自由の行使とは、その見えざる部分の不自由と限界を甘受した上での行為です。成句「ペンは剣よりも強し」の理念が、真に理解され実践され続けることを祈ります。

16　無関心と向き合うアンガジェ

復活祭までの準備期間にあたる「四旬節」を過ごす中で、教皇フランシスコの四旬節メッセージ「心を固く保ちなさい」を読み返してみました。その中で特に印象深かった表現は「無関心のグローバル（世界規模）化」という言葉でした。また、「無関心」という言葉に至っては文中に十五回も登場します。現代社会の最も恐ろしい病の一つである「無関心」という問題に、正面から取り組んでおられる教皇フランシスコの情熱を感じるメッセージでした。

今から三十年以上前のことですが、学生時代に受けたある授業を今でもよく思い出します。その授業は倫理の問題を扱っていましたが、そこで習った二つの言葉が今も心に鋭く突き刺さっています。その言葉は、「アウトサイダー」と「アンガジェ」。アウトサイダーとは無関心を装う傍観者のことです。一方、アンガジェは問題に関わろうとする人であり、世界や人に対して無関心でいることを是としない立場です。

「君たちはアウトサイダーになってはいけない。アンガジェで生きる覚悟をしなさい」と投げ掛けられた先生の言葉は、今も私の心を鼓舞します。

自分で勝手に「この問題を解決するのは私には無理」とか「これは遠い世界の話だから私には無関係」と決めつけてはいないだろうか。自分に問うことがあります。

しかし、やはりアウトサイダーになってはいけない、無関心のグローバル化を押し進めてはいけないと、この四旬節に強く感じます。真のアンガジェな人間でありたい、他者と関わることを恐れず、つながっていたい。今年のご復活に向けての祈りです。

17 「啐啄同時」とご復活

幼い頃から復活祭の思い出は、いつも色とりどりのイースター・エッグ（復活を祝う卵）。作るのも楽しい、食べてもおいしい。しかし、なぜ卵なのでしょう？（文化や伝承の背景はともかく……）

復活祭までの数週間、私は卵についてよく考えました。そして感じるのは、私たち人間は卵の中で育っている雛《ひな》であり、命を頂いた時から大切に温められて育ってきたこと。しかし、やがては卵の殻を破って一人一人が与えられた世界に出ていかなくてはならないこと。ではこの殻を、いつどうやって破るのでしょうか。

禅の教えの中に「啐啄同時《そったくどうじ》」という言葉があります。「啐《そつ》」は雛が内側からくちばしで殻をつつくこと。「啄」は親鳥が外側から、くちばしで殻をつつくことです。そして、この「啐」と「啄」が同時に起こらなければ、殻は破られませんし、雛はこの世に誕生できないという意味です。どちらかが早すぎても遅すぎても、「同時」という瞬間は生まれないのです。

雛が怠け者だったり、勇気がない弱虫だったら、親鳥はさぞかし苦労することでしょう。めったに内側からつついてこないような雛でも、「啐」する一瞬を見逃さず、すかさず「啄」する親鳥の愛。人生には何度も「啐啄」がある。私には、何度も復活をゆるしてくれる神の愛と重なって見えてきます。

今年も新しい真っ白な存在として、再び生まれ直すことがゆるされたことに感謝します。そして手の中のイースター・エッグを眺めてみます。復活のためのたくさんの「啐啄同時」があったのだろうと想像しながら。

18　国境のない地図

戦後七十年がたち、戦争体験者からさまざまな話を聞く機会が激減していくことに、焦燥感を覚えます。

私の祖父の最後の戦地はインドネシアのアンボン島です。亡くなるまで、祖父はこの地に格別の思いを抱いていました。その深層をおもんぱかることは容易ではありませんが、生涯を通じてインドネシアへの思いは尽きることがありませんでした。

ある時、小さなアパートを建てました。賃貸アパートにするのかと思いましたら、大阪や神戸の大学に留学しているインドネシアからの学生の寮にすると言うのです。家賃をほとんど取らず、毎週のように各家庭を訪問していました。差し入れを祖母に作らせては、インドネシアはムスリム（イスラム教徒）が多い国だからと、食材への注意を怠りませんでした。留学生の進級や卒業、結婚や出産に至るまで、小まめに世話を焼く祖父でした。

私はある時、祖父に尋ねました。なぜそこまでインドネシアの留学生に親切にできるのかと。祖父は、「そうやな、戦争中に迷惑かけたことへのおわびと、アンボン島で亡くなった戦友への弔いや」と関西弁で答えました。

それから数年後、私もアメリカで留学生になりました。孤独な留学の日々を、包容力ある愛情で支えてくれたのは、アメリカの人々でした。中でも韓国人の教授には家族同然に接していただき、どれだけ私の人生が豊かになったことでしょう。

国の違う戦争体験者たちが、私に「国境のない地図」を持たせてくれました。この地図を今度は私が誰かに持たせるのです。それが戦争を知らない世代の務めと思っています。

19　想像から平和の創造へ

三十六年前の夏、長野のあるホテルで、私は元ビートルズのジョン・レノン氏と息子のショーン君に出会いました。ジョンは、穏やかでおおらか、じっと子どもの言葉に耳を傾ける、素晴らしい父親でした。ジョンと私が何を語り合ったか詳細は覚えていませんが、ゆったりとした時の流れだけは、今も記憶に残っています。そしてその夏の日から一年四カ月後、ジョンは凶弾に倒れました。

ある日、私は、ラジオから流れてくるジョンの「イマジン」を聞きました。懐かしさがこみ上げてきました。そのタイトル通り、この曲は私たちの想像力に挑んでくる内容です。

もし戦争や殺戮《さつりく》がこの地球上から無くなり、文化や宗教の違いからくる迫害も消え失せ、すべての人が平和を手にすることができたら、この世界はどうなっていくんだろう、と問い掛けてくるのです。そして、こんな夢のような想像を一人でも多くの人がするようになれば、必ずこの世界は一つになるとジョンは確信し歌いました。想像力が平和を創造するのだと。

ジョンは、一九八〇年十二月八日、無原罪の聖マリアの祭日に殺されました。四一年のこの日は、日本が米英に宣戦布告して太平洋戦争が始まる契機になった日でもあります。聖母の涙の日でもあるように感じます。ビートルズが発表した最後のアルバム名は『レット・イット・ビー』。同名の曲は聖母マリアの「我になれかし」という祈りの言葉です。

最善を尽くして、なおありのままを、そのまま受け止める覚悟が問われ続けています。

20　持たざる者の大きさ

フィリピン・セブ島の貧しい地区に住むレジーナ・パレンシアとは、かれこれ三十四年の付き合いになります。私は彼女からフィリピン社会の抱える貧困の現状を教えられ、自分の生き方を根本から見つめ直す機会を与えてもらいました。彼女は今も地域のソーシャルワーカー（福祉の専門家）として活動を続けています。

数年前、彼女が私に興味深い話をしてくれました。それは、日本からフィリピンの貧困地域を訪れるいわゆる「体験学習」に参加する学生のタイプが変わってきたことでした。三十年前の学生たちは、アジアの貧困を前にして、憤ったり不条理を嘆いたりしながらも、自分にできることは何かを探し求めていた。

しかし、昨今の学生の中には、日本社会に自分の居場所を見つけられず、自分の進む道を決められない者が少なからずいると。そして、フィリピンの貧困地区で子どもたちに歓迎され、ホームステイ先で家族の温かさに触れると、たちまち自分の居場所を見つけたような気になり、生きがいを感じ始めるのだと。

その発言を聞いて、私はがくぜんとしました。フィリピンの人々の経済的貧しさが、日本人の精神的貧しさや孤独を支えていることを知り、返す言葉がありませんでした。しかし、レジーナは笑ってこう言うのです。「それでもいいじゃないの。ようやく私たちがあなたたちにしてあげられることが見つかったんだから」と。

三十四年前と同じことを私は心の中で反芻《はんすう》します。何もできない自分は、この無力な手で物事の表面だけをなぞっているのではないかと。レジーナの友情の大きさにゆるされ、助けられている自分の小ささを痛感しながら。

21　シスター・マリアに倣って

七月二十日、アメリカとキューバは五十四年ぶりに国交を回復しました。私とキューバの出会いは三十年前のアメリカで始まりました。

一九八五年、アメリカ・セントルイスで留学生活を始めた私が、聖心会のシスター・マリア・チョカに出会ったのは、その年の夏でした。用事があって修道院を訪ねた私の前に、大きな犬を連れて現れたのが、シスター・マリアだったのです。「わぁ、クマみたい！」と叫んだ私に、「そうよ、だからオサ（スペイン語で熊の意味）っていう名前なの」とシスター・マリア。それ以来、私たちは大変仲良くなりました。

キューバの首都ハバナで生まれ、その後、アメリカへ亡命。二〇一三年に亡くなるまで故郷であるキューバの土を踏むことはありませんでした。キューバ革命以来、聖職者追放やカトリック系の施設閉鎖を目の当たりにしても彼女の魂は燃え続けていました。特に、迫害された人には、温かいまなざしを忘れませんでした。その人たちのために真剣に矢面に立つ人でしたので、時には行き過ぎと思われるほどでした。

しかし、今の時代こそ、真剣に熱く、正しいと信じることのために突き進んでいく勇気が必要だと思います。平和を叫ぶだけの時代は終わりました。子や孫の世代に善き社会を伝えたいならば、まず自分の歩幅で平和のために歩き始めることです。

自分の心の声に誠実に生きることが、人の心に何かを響かせ、その結果、社会を揺さぶることになるのです。格好をつけている場合ではありません。とにかく考え、動き、決してくじけないこと。それらすべては、シスター・マリアに教えてもらったことでした。

22　この社会を動かしていくのは誰？

今から六十年前の一九五五年十二月一日、米国のアラバマ州モントゴメリーに住む黒人（アフリカ系米国人）女性で洋裁師のローザ・パークスは、自分が座っていたバスの座席を白人に譲らなかったという罪で逮捕されました。当時、米国南部のいくつかの州では、日常生活のさまざまな場所で白人と非白人を物理的に隔離するという人種分離法が施行されていました。

その日の夕方、ローザは帰宅のため市営バスに乗りました。バスの中は白人席と黒人席に分かれており、白人が少なければ、中間席にも黒人が座ってもよいとされていました。バスが進むうち乗客が増え、立っている白人が出てきたので、運転手が中間席にいた四人の黒人に、白人に席を譲るように命令しました。しかし、それに従ったのは三人だけで、ローザはその席から動きませんでした。運転手が「なぜ移動しないんだ」と聞くと、ローザは「動く必要を感じないからです」と答え、そのまま逮捕されてしまいました。

名もない一人の女性の「社会通念への疑問」と「自己の尊厳」から出た行動が発端となり、後の人種差別撤廃運動へと広がっていき、一九六四年の公民権法（人権法）の制定にまでたどり着いたのです。ローザは後に「身体は少しも疲れていなかったけれど、抑圧されることに疲れ果てていた」と語っています。

何ごともまずは小さな一歩から始まります。何か変だなと感じるならば、声を出して語り合い、同じ志の仲間とつながることです。自分たちの生きる社会のこれからを、人任せにしてはいけません。平和は日常の努力でつくられるものであり、決して人が与えてくれるものではないからです。

23　賛否両論を包む教会

思い切って書かせていただきます。それは、日本のカトリック教会と政治的活動の関わりが一体どうなっているのか、最近よく分からなくなってきていることです。私は、教会は政治的活動と一線を画しているものと思っていますので、仮に信徒や聖職者、修道者が政治的な発言をしたとしても、それはその人個人の見解であり、それを聞いた人々に考える機会を与えてくれているものと理解しています。

一方、さまざまな背景や環境、経験や物の見方を持つ人間の集まりであるのが教会です。その自由さと多様性を受け入れ合うのが教会の素晴らしさです。その「教会全体」の活動の中で、一つの方向のみを指し示す政治的決断を叫ぶ、あるいは信徒に迫ることには違和感を覚えます。

例えば、平和を希求し共に祈ることを否定する人はいないでしょう。その時、自分にとっての平和の意味、そのためには自分はどう生きることが求められているのかを考えます。

しかしミサの共同祈願の中で、憲法九条の絶対的維持とか、現行政権やその政策への批判を耳にすると、私は居心地が悪くなります。なぜなら、「教会の祈り」という名のもとに、ある具体的な方向性に賛同しなさいと言われているような気がするからです。そこに集った多種多様な生き方を一瞬のうちに強い力で束ねてしまうような錯覚です。

私は平和を求めます。戦いを望みません。そして「平和の道具」になりたいと願います。平和を追求する手段は、自分で悩み考えたい。私が感じる素朴な疑問はおかしいものでしょうか。

若者諸君、そして善意の心をお持ちの皆さん、自分の心の声をじっくり静かに聴き、共に悩みましょう。賛否両論、悲喜交々《ひきこもごも》を大きく包み込む教会の一人一人として、自分のことばで祈り、自分で考え、勇気を持って行動できますように。

24 恵みのバトンリレー

先日、開創千二百年を迎えた高野山（和歌山県）を訪れました。高野山真言宗・総本山金剛峯寺の奥之院を目指して約二キロの参道を歩き進みますと、数えきれないほどのお墓が建ち並んでいます。一説によると二十万基以上の墓石や慰霊碑があるそうです。先人たちの魂と共に歩みを進めているかのような錯覚を感じる場所でありました。

高野山の参道を歩きながら、「知恩報恩」という言葉を思い出していました。自分が受けている恩を知り、それに報いる生き方を求めよ、との教えであると理解していますが、今は亡き先人たちから続く「いのち」のつながりを思うと、図らずも落涙しそうになりました。

出会う人々から愛を受けてきた自分、今こうして生かされている自分。身に浴びてきたご恩を、また惜しみなく与えられた恵みを思い起こす時、ただただ有り難いと思いました。

人間塾に集う学生たちに、いつも次のように話しています。この塾で得た奨学金や学びの機会に感謝の気持ちを感じたのなら、それをまだ見ぬ隣人に分かち合ってほしい。人間塾に直接何かを返す必要はありません。君たちが恩に報いるということは、これから出会うであろう人々への愛の実践を行うことに他ならないのだと。

恵みを受けている私たちは、無条件の愛の中でそれを頂いています。何かの条件を満たしているから与えられるのではなく、ただ生まれ、育ち、今に存在しているというだけで恵みを頂いている。その感謝を誰に返すのでしょうか。否、誰に手渡し、送るのでしょうか。

人々が地球のあちこちで、「恵みのバトンリレー」を繰り広げたら、なんと愉快なことでしょう。未来の隣人に渡す愛のバトン、落とさぬように、途切れぬように。

25　患者と医者がともに生きる

先日、東京の三井記念病院長（当時）である高本眞一先生の講演会に伺いました。テーマはズバリ「患者とともに生きる」。ご自分の生い立ちから始まり、そして思春期に自分の生きる道を照らしてくれたのは、アルベルト・シュバイツァー博士とネパールで活動した岩村昇博士と言われました。お二人とも「命への畏敬」と徹底した「隣人への愛」を生きた人物です。

大学卒業後、医師となり、米国ハーバード大学での研究生活も経験しました。しかし、順風満帆に見えた人生にも荒波は襲いかかります。歯に衣着せぬ高本医師の正直さが裏目に出て、自分の専門が十分に生かせない小さな公立病院に左遷。自信喪失し、仕事にもやりがいを感じなくなってしまったそうです。

それでも患者さんたちは、医者である自分を信じて、自らの命を賭して手術を受けに来てくれる。医者は患者を助ける存在であるが、患者もまた医者を救う存在であることを、患者さんたちとの出会いを通して学ばせてもらったと語られました。左遷も恵みであったかのように。

高本医師は、「ともに生きる」ことが自分のミッション（使命）であると確信しておられます。患者と医者はともに頂上を目指して山を登っている、それが治療。しかし、いくら腕のいい医者でも、患者を励まし重い荷物を担ぐ手伝いをするガイド役でしかない。患者自身の努力も必要であり、その人の生きようとする力が大切。ゆえにともに生きる関係なのだと。

この小さな存在の私たちが支え合い、励まし合い、感謝し合い、尊重し合うことが、「共に生きる社会」の実現への大きな一歩です。今年のクリスマス、ともに生きる意味を、そして私のミッションをじっくり考えてみたい気持ちです。

26 愛を理想世界に置かないで

幕末の思想家であり教育者の吉田松陰は、自らの死を目前にして、門下生への遺言とも言うべき『留魂録《りゅうこんろく》』を著しました。時代の変わり目を生きる若者たちに対して、人生の処し方をつづった名著です。この一冊を読む時、現代社会を生きる若者たちに、私ならば何を伝えるだろうかと考えます。

伝えたいことの一つ目は「自尊心」です。「自分はそう捨てたものではない」という思いを持つこと。二つ目は「他者への関心」です。自分さえ良かったらいいという考えではなく、自分も他者も共に幸せであることを願い、努力すること。三つ目は「ご縁という恵みに感謝すること」です。いくら裕福でも「ご縁」を買うことはできません。自分の意志だけでは動かないのが「ご縁」であり、一方的に頂く恵みのようなもの。すべての人間は「縁」で始まり「縁」の中に生きている以上、この恵みからは抜け出せないのです。

「理想は分かるが、世知辛い世の中でそんなこと不可能ですよ」と叫ぶ人がいるかもしれません。待ってました、その一言！（と私は言いたい）。理想だけでは世間を生きてはいけない、という悲観主義者たちの声です。

一人でも多くの人が互いに気遣い合い、認め合わなければ、この社会は遅かれ早かれ危機状態に陥ります。誰もが知っています、今この社会に必要なのは愛であることを。実践しないから、愛が実現不可能な理想になってしまうのです。愛は理想ではありません。極めて身近な現実です。自分への、他者への、そして目に見えぬものへの愛を今年もなお一層、現実として生きたいと思っています。

27　君はそう捨てたものじゃない！

多くの若者たちに出会いますと、彼らが背負っている人生の重さに驚くことがあります。大変多いのが、経済的な苦労です。貸与型の奨学金で四年間過ごした結果、大学卒業時には数百万円以上の借金がのし掛かることになります。

私が代表を務める人間塾では返済義務なしの給付型奨学金を提供していますが、日本では貸与型の奨学金が主流となっています。若者たちの伸びやかな成長には、経済的な安定は絶対に必要です。

同時に、若者たちのもう一つの荷物も重く、深刻です。それは、人生を肯定できず、自分を好きになれず、人からの評価に左右されるという、精神的な苦悩です。若者らしい夢や希望に目を輝かせるのではなく、心の奥底にいつまでも闇があり、恨みがあり続けるのは不幸です。

それらの要因に大きく関わっているのが、親の存在です。「自分のことよりも子どもの幸せが一番」という親の姿は、今や幻想なのでしょうか。親からもらった無条件の愛こそが、子どもの人生の根底に流れる水脈だと、私は今も確信しているのですが。

親の不運や不幸な体験を、まるで自分に原因があったかのように引きずっている若者に出会うと、涙があふれます。しかし、彼らは限りなく優しいのです。そのつらい思いを親にぶつけることはしません。じっと自分の中に隠し持って、優秀な人間でいようとする。

そんな時、「あなたはそう捨てたものではないよ。自分の人生は自分のものなんだ。君は愛されていいいんだよ」と言ってくれる人が一人でもいたら、どれだけ救われることでしょう。そう言い続けられる人間でいたいと、私は強く願います。

28　復活と共同体

復活祭が近づいてきました。学生時代に習った神学の先生に「復活こそがキリスト教の核となる部分である。よってクリスマスも大切だが復活祭はもっと重要」と教わりました。クリスマスが大好きだった自分の認識が少し変わった気がする一言でした。

また、尊敬する神父さんにメッセージをお願いすると、必ず「復活されたキリスト」という言葉が含まれた文章を下さいました。なぜ単なるキリストではなく、復活されたキリストなのだろうかと思い巡らせたものです。

心理学者のアルフレッド・アドラーは、共同体感覚という概念を大切にしていました。これは、自分の家族や友人、所属する地域や組織だけを対象にするのではなく、もっと広く世界全体を捉えた感覚です。地球をも超えて宇宙的視野の中で、過去と現在と未来に出会った、あるいは出会うであろう人々をすべて含んで「共同体」と呼んだのです。

無限の時空の中で、私たちはすべてとつながり、その中で生かされているという考え方です。この「共同体」は復活した人だらけです。生きて在る時も、死んで在る時も、常に時空を超えてつながり支え合い、影響を受けながら存在しているのです。

こう考えるとなんとも豊かな希望の思いがあふれてきます。すでに「共同体」の中に迎え入れられているのですから、自分は独りぼっちじゃない。そういえば、私の大好きだった祖母もこの時期に天に召されました。でも魂は共に在ることを感じます。今も強くつながっていると確信できる私は、復活の中で幸せを頂いているのです。

29　一片の桜、新しい出会い

四月は出会いの季節といわれますが、私も人間塾に新しい学生メンバーを迎え、新年度が始まります。さまざまな背景や動機を持った塾生たちとの新しい一年が始まります。

私が常に心に決めていることは、次の事柄をなんとしても伝えるということです。それは、塾生一人一人が「愛されている存在であること」を自覚し、「自分の人生には大切な宝がたくさんある」ことを信じてほしいということです。

名の通った大学に入学しても、自分に自信が持てない若者はたくさんいます。また、限りない可能性を秘め、磨きがいのある能力に恵まれていても、それを自分で自覚していない若者にも出会います。

私は彼らに厳しい言葉を投げることも、共に泣くことも厭《いと》いません。自分の果たすべき役割はただ一つです。この世に生まれてきた幸を喜び、自らの能力を惜しみなく他者のために差し出せる人間を育てることが、私の使命と思っています。

とはいえ、実践し続けることはなかなか骨の折れることです。特に、「自分さえよかったらいい」という風潮が社会に漂う中、自分が得てきたものを分かち合うことができない若者の苦しみを感じます。しかし、人と分かち合うと、不思議と「減ること」に執着は起きず、むしろ心豊かになることが多いのも事実です。結局は「手放すこと」が、自分自身を自由にし、囚《とら》われのない心で生きていく第一歩になるのではないかと。

私もこの季節にたくさんの出会いの中で揺さぶられてみたいと思います。桜の花が風に揺れ、はらはらと散っていく中、与えられたご縁の一片《ひとひら》ひとひらに感謝しつつ。

30　平和の道具としてお使いください

先日、東京二〇二〇オリンピック・パラリンピック招致委員会の副理事長を務められた水野正人さん（元ミズノ代表取締役会長）にお話を伺いました。そこで大変興味深いオリンピックの歴史を教えていただきました。

近代オリンピックの父はフランス人のピエール・ド・クーベルタン男爵ですが、彼は古代オリンピックの精神に触発されて千五百年近く開催されていなかったオリンピックを再開したのです。

古代オリンピックはギリシャのオリンピア地方で行われていた競技大会で、紀元前七七六年に始まり、紀元後三九三年まで続きました。千二百年近くにわたって開催を可能にしたその秘訣《ひけつ》とは何だったのか。この秘訣がクーベルタン男爵を突き動かした一つの動機でもあったのだと水野さんは話されました。

それは、「聖なる休戦」です。当時のギリシャ国内はさまざまな場所で戦争が繰り広げられていました。しかし、四年に一度のオリンピック時には、三カ月間の休戦命令が発布されました。このおかげで、千二百年近くの間、一度も欠けることなくオリンピックが開催できたのです。

現在のオリンピック・パラリンピック開催時にも、国連決議によって休戦要請が出されているのですが、それを守らない国が多くあります。オリンピック・パラリンピックが「平和の祭典」といわれる所以《ゆえん》は、理想や夢ではない、現実の平和をつくり出すための祝祭にあるのです。

四年後に迫った東京大会ですが、「開催そのもの以上に、その後、次世代に何を残していくのかが一番大切だ」と水野さん。さまざまな「違い」を持った人間が、世界共同体の一員として、つながり結ばれる機会になってほしいと切に願うのは私だけでしょうか。

31　ありのままの私でいる誠意

最近、誠意について考えさせられる出来事にいくつか遭遇しました。信じていたのにうそをつかれる、説明もなしに約束をいきなり変える、一生懸命は見掛けだけ実は無関心、など。誠意は正直さや真っすぐな心で成り立っており、相手の心をおもんぱかって誠実に向き合うことだと思うのですが、人の心はそう簡単ではないのだと思い知らされました。

誠意の発揮を邪魔するのは、欲や保身、権力志向や心のおびえなど、さまざま挙げることができます。その中でも、私が特に注目するのは、「ありのままの自分でいることへの恐れ」です。「ありのままの自分」とは、どんな自分なのでしょうか。失敗だらけで自己中心、他者からの評価で動いてしまう自分。これこそ、丸ごと「ありのままの自分」の姿です。

こんな姿を抱えて生きていることを、真っすぐ認識できる人間でありたいと思います。そしてできることは喜んでする、できないときは正直にその弱さを認められる。

そのような姿勢こそが、誠意を持って生きることだと思うのです。

人に正直である前に、自分に正直であることから始めなくてはなりません。うそやごまかしを腹に収めたまま生きるのは苦しいこと。人生の喜びを感じながら生きていくことの秘訣の一つは、単純な心、簡素な感性、そして「持っている」ことではなく「在る」ことへの感謝です。そうすれば等身大の自分でいることが、どんなに素晴らしいことか、いずれ気付くことになるでしょう。誠意は自分から始まり、次第に人に対してにじみ出てくる心の芳香なのですから。

32 問題解決のための回り道

万全を期したつもりでも、想像もしないような経緯を経て、足元をすくわれることがあります。それが信頼していた人からであれば、受ける傷はより深いものです。私自身も、そのような経験のいくつかを目の当たりにしてきました。

悔しく、納得できない気持ちを抑えるのには、誰もが苦労します。数日間を鬱屈《うっくつ》した気持ちで過ごしていると、頭の中をあれこれと思いが巡ってきます。どうやって誤解を解こうか、自分の立場を守るにはどうしたらいいのかなどと、思いが堂々巡りします。

しかし、そんな状況にあっても、少し気持ちが軽くなる時があるのです。それは、今、直面している問題について「自分が何を一番欲しているのか」を冷静に考えることができた時です。果たして私は、自分の体面を取り繕いたいのか、自分の評価を回復したいのか、あるいは相手に打撃を与えて勝利したいのか……。自分の欲が膨張すると、心は混乱し苦しくなります。少し客観的に眺めてみて、問題の中心を明らかにした時、自分のすべきことが見えてくると思うのです。

最近、「問題解決能力」という言葉をよく耳にします。私は、この能力に一番大切なのは、意志だと思っています。事の本質を求め続け、自分の損得を第一に置かず、その行為を憎んでも人を蔑《さげす》まないで、問題を解決したい。そのためには、強い意志が不可欠です。

「好悪」を中心に据えて、自己防衛の誘惑に乗ってしまうと、元の木阿弥《もくあみ》ですので、ご注意ください。そして何よりも、人生の先達《せんだつ》から頂く助言を味わうことです。

33 そこで、ただ誠実に生きるだけ

先日、創世記のヨセフ物語を題材にしたミュージカルを観ました。物語の主題に興味をひかれ、久しぶりに創世記をめくってみました。

三十七章から五十章まで波瀾万丈のヨセフの人生がつづられています。

お話の流れは次の通りです。ヨセフは、父に特別に愛されていましたが、それに嫉妬した兄たちによってエジプトに売られてしまいます。エジプトでは奴隷となりますが、夢を読み解く力があったことが幸いして、ファラオ（エジプト王）から厚い信頼を寄せられ、重臣にとり立てられます。

そしてエジプト一帯を飢饉《ききん》が襲った時に、賢明な策をもってエジプトを救い、自分を陥れた兄たちも助けます。最後は愛する父と再会し、兄弟との和解を果たし幸せな一生を送るという物語です。

ヨセフは確かに、かわいそうな人です。親と引き裂かれ、信じていた兄弟に裏切られるのですから。しかし、彼はいつも幸運に恵まれて、苦境を乗り越えるのです。「ま

さか！　こんなうまい話はないでしょ」と、私は正直思いました。しかし、何度も読んでみると、一つ面白いことに気付くのです。それは、ヨセフは一度も神に恨みごとを言わなかったことです。自分の目の前にある境遇に対して、精いっぱい生きることしかできない誠実な人間です。

私たちはどうでしょうか。恨みごとを言っていないか、仕返しを考えていないか、と思いが巡ります。ヨセフのように、どんな土壌であっても植えられたところで咲くことだけを考えて生きる。そこから導かれる思いがけない結末が、人生という物語なのです。ただ神を信頼して、誠実に生きること。忘れたくないヨセフの物語でした。

34 国境の街は始まりか終わりか

この夏、イタリアを旅しました。スイスの国境からわずか六キロのところにある湖畔のリゾート地・コモ駅に降り立った時の異様な雰囲気は今も忘れられません。明るい街のイメージとは程遠く、数百人の難民が、駅やその周辺でテント暮らしをしているのです。

七月の中旬ごろから、スイス政府が入国規制をし始めました。それまではわずかでも難民を通していたのです。難民の目的地はイギリスやドイツです。シリアをはじめとして、アフガニスタンやイラク、ソマリア、ナイジェリア、スーダン、コソボ、アルバニア、セルビアなどから逃げてきた人々が駅周辺で国境開放を待っているのです。難民対応に関するヨーロッパ諸国の考え方の違いが、国境の街で如実に現れていました。

リオ（ブラジル）で平和の祭典・オリンピックが開催され、世界中からアスリートが集まりました。本来オリンピック開催期間中は全世界に国連から休戦要求が出されます。人々が安心してオリンピックに参加できるようにするためです。しかしそのオリンピック開催すら、彼らには何の関係もないのです。

何年もかけて国境の街にようやく着いた難民は、今度は移動の自由を奪われ、新たなる絶望を突き付けられる。他方、日本のパスポートを所持していれば、よほどのことがない限り、地球上の多くの国々や地域への出入国が許されます。そんな時、私はいつも自分の国に感謝します。行きたい目的地へ進むことが許されている幸せをかみしめます。

日本に戻ってからも、コモ駅の難民は今ごろどうしているのだろうかと、胸の奥のチクチクするものが無くならずにいるのです。

35 「他人ごと」を「自分ごと」として受け止める

マザー・テレサがバチカンで列聖された九月四日、私は出張先の長崎でミサにあずかっていました。くしくもその場所は、日本二十六聖人の殉教の地である西坂のカトリック教会でした。人間の持つべき謙虚さをほうふつさせる場所だったからでしょうか、私はミサの間、マザー・テレサに出会ったあの日のことを思い出していました。

それは、一九八一年四月に初来日された時のことです。私が当時在学していた大学が、ある講演会の会場となりました。学生は入場できないので、会場の入り口付近で多くの学生たちがマザー・テレサを一目見ようと集まっていました。私もその野次馬の一団の中に居たのです。やがてマザー・テレサが到着しました。すかさず学生の代表が歓迎の言葉を述べました。この歓迎の言葉の中に、次のような問い掛けがありました。

「私たち日本の学生がマザー・テレサのお仕事の一端を手伝えるとするならば、どのようなことができるでしょうか」

マザー・テレサは、その問い掛けに静かに答えました。「インドに来て一緒に働こうなどと思ってはいけません。あなたの周りに、孤独な人や苦しんでいる人はいませんか。もしいるのならば、彼らに温かいまなざしと優しい言葉を投げ掛けてください。最も身近な人の中に、あなたが向き合わなくてはならない人がいるのです」と。

「他人《ひと》ごと」を、「自分ごと」として受け止める努力。人の痛みや悲しみを、自分のものとして感じようとする想像力。このような根本的かつ普遍的である人間の可能性を、マザー・テレサは分かりやすい言葉で語ったのです。あの日から三十五年たった今も色あせない珠玉の思い出です。

36　私にとっての自由とは？

アメリカ大統領候補者による公開討論会は、いずれの回も期待外れの内容でした。この連載が皆様の目に触れる頃には、アメリカの新大統領は選出されていることと思いますが、私はアメリカ社会における「民主主義」や「自由」の概念について、今までになく考え込んでいます。

暴言に聞こえる言葉、人権無視や女性蔑視の意見、相手への罵詈《ばり》雑言。これらの見苦しい態度が許されるのもアメリカは「民主主義」を標榜《ひょうぼう》しているからであり、「言論の自由」があってのことです。

しかし、本来、「民主主義」とは、さまざまな意見を有することが認められ、宗教や主義主張の異なるもの同士が尊重される社会の骨組みです。そしてその土台を「自由」が支えています。明らかに「好き勝手」「言いたい放題」とは異なるものです。「自由」の履き違えは、他者への配慮よりも、自分の欲求の満足を優先させる可能性がある。自分が信じている「自由」の在り方へのこだわりを他者に押し付ける場合もある。しかし、この地球上の七十三億の人間たちは、まったく同じ概念の「自由」を希求して生きているのでしょうか。

ところ変われば品変わる、と言いますが、「自由」の捉え方も行使の仕方も、すべてアメリカ仕込みとはいきません。自分にとっての「自由」とは何か。「民主主義」が自分の心に問うものは何かを考えなくてはならないように思うのです。

棚からぼた餅のように、手を広げていたら何かが落ちてくるなどということはありません。自分が求め、模索しなくては引き寄せられない大切なものがあります。その中の一つが「自由」であり「民主主義」であろうと、私は思うのです。日本の若者たちにも考えてもらいたいテーマです。アメリカ国民がより賢明な判断をされることを祈ります。

37　クリスマスのキャンドルサービス

今年もクリスマスの季節が巡ってきました。一番懐かしいクリスマスの思い出は、小学生の頃のキャンドルサービスです。十二月二十四日の夜は教会の皆さんと一緒にキャンドルを手に聖歌を歌いながら、教会の周辺を回るのです。寒さの中、大きな声で歌い歩いた後、教会に戻ってくると、一杯の「うどん」が振る舞われます。その温かさとおいしさは今も忘れることができません。アットホームなクリスマスの思い出です。

四十五年近く前の日本社会は、高度成長を遂げつつありましたが、今ほど物質主義的ではありませんでした。また、なじみのない宗教だからと言って排除するのではなく、年に一度のクリスマス聖歌隊に近隣の人々は温かい視線を注いでくれました。互いに信じ合い、助け合い、素朴な優しさを喜び合える共同体がありました。

あの懐かしい日々は一体どこへ行ってしまったのでしょう。クリスマスが商業戦線に寄与するのは、経済活動活性化のためには一概に悪いこととは思いません。しかし、そのスピリット（魂）を忘れてしまったら、元も子もなくなります。クリスマスは、無償の愛を、条件なしの思いやりを分かち合う時であるのですから。

目の前にいる大切な人のためにはもちろんのこと、会ったこともない誰かのために私は何を分かち合えるのか。たとえ小さなプレゼント一つでも、渡したいその人の幸福を心から願っていたい。「自分は愛されている」という希望をその人に届けたい。私の心に、そんなともしびを与えてくれた幼い頃のキャンドルサービス。カトリック尼崎教会（兵庫県）での懐かしい思い出です。

38　帰巣本能と私のミッション

新年明けましておめでとうございます。今年もどうぞよろしくお願い申し上げます。今年は酉年《とりどし》。鳥は私たちにとって身近な生き物ですが、渡りを行う鳥たちが、今年もいつもと同じ場所に帰ってくるとうれしくなります。おととしの冬からヒヨドリが、近所の木々に止まっている姿を見るようになりました。夏が近づき猛暑になると、いつの間にか避暑に行ってしまいました。そして、昨年の十二月初旬、再び帰ってきてのんきにさえずり、私の目と耳を楽しませてくれています。

帰巣本能に優れた生き物は、教えられなくても自分の生きられる場所、すなわち居場所をよく知っていて、そこに帰ってきます。生命の危機を経験したり、ひどく傷つくような出来事があれば、たぶん戻ってはこないでしょう。

では人間はどうでしょうか？　人間も鳥と同じで、世界中を旅しても戻りたい場所、戻っていい場所があるのです。自分を認めてくれた場所、受け入れてくれた場所、成長を願い期待してくれた場所を持っている人は、その場所に帰巣したくなります。そこでは、相変わらず大切にされ、尊重され、愛が与えられるからです。

新しい年を迎えた若者たちにとって、この世界は夢にあふれた世界でしょうか。そんな彼らに対して、つらい時や苦しい時、あるいはうれしい時でも、帰りたくなる古巣を私たちはつくり続けているのでしょうか。若者たちに真摯《しんし》に向き合い、耳を傾け、絶対的な愛を与え尽くす覚悟で、巣をつくり続けるのが私のミッションだと思うのです。

窓の外のヒヨドリのように、季節を経て戻ってくる教え子たちの姿が、このミッション遂行のための一番の原動力なのです。何にも勝る恵みです。

39 私は平和の道具か？ それとも分断の道具か？

先ごろアメリカ合衆国に新大統領が誕生しました。就任演説では、「アメリカを再び偉大な国にする」というフレーズが随所に叫ばれ、その全体には「自国第一主義」が貫かれていました。

自国民の利益と繁栄を第一に考えるのは、国家を預かるものとして当然のことと思います。しかし同時に、地球社会のさまざまな国と地域は、「自分さえよかったらいい」では生きてはいけません。互いに平和で豊かな社会を実現しようと、国際社会に参画する人々が願っているのも事実です。

一九一四年に勃発した第一次世界大戦で疲弊したヨーロッパ諸国は、戦争の痛手を教訓にするどころか、分裂したまま権力闘争を続けていました。そのありさまを見て、オーストリアのリヒャルト・クーデンホーフ＝カレルギーは、二三年「汎《はん》ヨーロッパ主義」を提唱します。

後にこの考え方はナチスと対立し、リヒャルトは亡命を余儀なくされますが、これが現在のEU（欧州連合）の源流であり、国と地域を超えての共同体づくりの始まりだったのです。

リヒャルトの死後、この活動はオットー・フォン・ハプスブルクに引き継がれ、ベルリンの壁の崩壊、米ソ冷戦の終焉、ヨーロッパ共同体の創設へとつながっていきます。

このEUも崩壊の危機を迎えています。いち早くイギリスが脱退を表明し、ヨーロッパの多くの国々に右傾化が見られます。これからの世界はどう動いていくのか。その世界の片隅に生きる自分自身も、無関心にならずにいたいと思います。愚かな過ちを二度と繰り返さないように。私たちが平和の道具であることを証しするためにも。

40　ほんものとの出会いは、今ここに

先日、人間塾の塾生からこんな話を聞きました。彼の友人が大学卒業を目前にして、次のように語ったというのです。

「大学は、真理を探究する場ではなく、真理と出会うための場だった」

この言葉を聞いて、私は目から鱗《うろこ》が落ちました。「ほんとうのこと。まことの道理」（『広辞苑』第四版より）を「真理」と捉えるならば、教育の場はそれに出会うチャンスに恵まれているということでもあります。

その大切な何かを探求しているつもりでも、実は、すでに出会っているのかもしれません。あるいは、自分では気が付いていないだけなのかもしれません。心の目を見開いて、心の耳を研ぎ澄ませながら、感じ取ることしかできないもの。大切なものとの出会いは麗しく、耳に心地良いとは限らない。しかし、その苦みをも味わえる人間でありたいと切に願います。

私たちは「ほんもの」という言葉に翻弄されます。「あの人はほんものだ！」「ほん

ものの芸術はどこに？」など、まるで世の中には偽物ばかりがはびこっているかのようです。しかし、何が「ほんもの」なのでしょうか。時が経過し、場所が変わっても、普遍である「ほんもの」は、年月の経過を待たないと見えてこないものでしょう。

私たちにできることは、ただ「ほんもの」だと感じられる出会いを求め続けることです。自分の感性のアンテナを敏感にしながら、時には視座を変えつつも、味わい、考え続けることにほかなりません。今日も出会っているかもしれない真実を求めて。

41　私たちの「死」と「復活」

今から三十年以上も前の話です。アメリカ留学を控えた私は、お世話になったアメリカ人神父のダニエル・コリンズ師にごあいさつをするため、修道院を訪ねました。話も弾み、いよいよお別れの時になりました。私が持参していた聖書に、神父様は送別のメッセージを書いてくださいました。そしてご自分の名前をサインする際に、「in the risen Christ」と一言添えられました。単に「キリストのうちに」ではなく、「復活されたキリストのうちに」と書いておられたのです。

それから長い月日がたっても、この「the risen Christ」、すなわち「復活されたキリスト」と書いてくださった真意が分かりませんでした。しかし最近、キリストは復活された存在であることが重要であり、それなしには信仰が成り立たないのではないかと、気付き始めました。

「復活されたキリスト」にあずかるということは、私たち人間が日常生活の中で、「死」と「復活」を生きるということです。日々の犠牲や我慢の求めるところは、自分本位に生きることはやめて、他者に軸を譲ることではないでしょうか。

日本では願掛けをするときに、自分の好物などを断つ習慣があります。それは、ひとえに他者の幸せを祈るがゆえの犠牲であり、他者中心の価値観を実行するための我慢です。これらの犠牲や我慢も、日常の小さな「死」なのです。しかし、この「死」があるからこそ、他者のいのちが生かされ、豊かになるのですから、これこそ「復活」の実現であります。

わざわざ「復活されたキリスト」と書いてくださった神父様、私はようやく「復活」というものを身近に感じて生きられるようになりました。感謝。

42　小さな島の大きな信仰心

五月のゴールデンウイークは毎年、香川県小豆島でのお遍路のため、人間塾の塾生たちと共に合宿を行っています。小豆島の全行程百五十キロの遍路みちは、山あり谷あり、さまざまな表情を持った道です。塾生たちは、その道をひたすら歩き続けます。

塾生たちが訪ね歩くお寺を事前に下見しようと出掛けたある日、カトリック小豆島教会に出合いました。その入り口には、先ごろ列福されたユスト高山右近の立派な像が立っていました。意志強く清廉な顔つき、背筋を真っすぐに伸ばした誇り高い立ち姿に、しばらく見入ってしまいました。一五八六年当時、グレゴリオ・デ・セスペデス神父（イエズス会）は一カ月で千四百人以上に洗礼を授け、カトリック隆盛の兆しを感じる時代でした。

弘法大師空海が八一四年ごろに霊場を開いた仏教真言宗のこの島は、その後、七百年以上を経てキリスト教を受け入れた島でもあり、高山右近をかくまった隠棲《いんせい》の島です。

小豆島では、隠れキリシタンの遺物が多く発見されていますが、同時に島原の乱でほとんどの農民を失った土地に、多くの移民を送り出した島なのです。かつて小豆島は天領だったゆえに、島原への移住は、幕府による強制移民政策でした。

時を経て一八九九年、バプテスト教会伝道船福音丸が小豆島に初めていかりを下ろしました。プロテスタント教会による本格的な瀬戸内海宣教の始まりです。

空海の愛した遍路の島、高山右近を敬愛し信仰を守ってきた島、さらにはバプテスト教会宣教船の伝統が語り継がれる島。オリーブの葉が、海からのさわやかな風にさやさやと揺れています。この諸宗教の融和とエキュメニカル（教会一致的）な島で、平和のうちに遍路体験ができる恵みに感謝し、塾生たちは今日も歩き続けます。

43　たった一人のあなたのために

六月は聖心《みこころ》の月です。「イエスの聖心」への信心は、十七世紀にフランスで始まったと聞いていますが、それは「イエスの人類に対する限りない愛」を全世界に広めようとするものです。

私の母校も「イエスの聖心」にささげられた学校で、聖心の祝日を大切にしていました。中学一年生の時のお祝い日に、こんな創立者の言葉を教えてもらいました。

「たった一人の子どものためにでも、私はこの学校をつくったでしょう」

私はびっくりしました。この言葉の比喩的表現を通り越して、たった一人のためにでも学校をつくるというその情熱、その信念に驚いたのです。

別の聖心の祝日に聞いたお話は、「たった一人で天国に行ってはいけません」という内容でした。「一人だけ天国に行ければよい」というような心掛けではいけません。すなわち、自分さえよかったらいいというような考え方は、さっさと捨ててしまいなさい、と言われたような気がしました。

聖心の祝日に一番心に残っている言葉は、創立者の心中を吐露したものでした。「私の心の中には二つの炎が燃えています。一つは生徒たちへの愛、もう一つは聖心への愛です」

「イエスの聖心」の具体的表現は、実践においては、人への愛の行いであろうと思います。「自分さえよかったらいい」「人を蹴落としてでも自分は上へ」、あるいは「自分の人生に何の価値も見いだせない」「生きることに意味なんかない」と、心の中で〝囚われている人〟は、たくさん存在します。

しかし、たった一人のあなたのために命を懸けて祈り、心配し、語り、そして行動する人は必ずいるはずです。あなたのために燃やされている聖心の炎が。

44 「恵み」は〝面倒くさい〟もの？

人間塾の塾生たちが日々、研さんを積んでいることの一つは、「あいさつの励行」と「感謝を行動に表す」ということです。あいさつは声に出して相手に伝える。感謝は心の中だけに留めず、もし相手に直接返せない場合は、自分の気持ちを善意に変えて、誰かのもとに届ける。感謝の〝バトンリレー〟を目指しています。

これらの努力は、意識し実行し続けることで、ようやくその人らしい自然な形になっていきます。しかし、問題は、長く続かない人が多いということです。その理由は、これら一連のことが面倒くさく、手間暇かかるからなのです。

人生において、どれだけ面倒くさいことを誠実に行ってきたかが、大きな成長の糧であり、豊かさへの懸け橋になります。合理性や効率性を追求する風潮の中、面倒くさいけれど、温かく、きめ細かい心遣いを風化させてはなりません。

手間暇かけることは愛につながる。面倒くさくても相手の幸せを祈るならば、何を惜しむことがあるでしょうか。自分の時間に固執する人は時間的にケチ。人のために時間を使えば、自分の時間が減ると考えているのでしょう。しかし、人のために使う時間は、互いの人生が交差する瞬間、かけがえのない「共有の時」なのです。

「惜しみなく与えること」から始まり、実は「自分が惜しみなく与えられてきた」という人生の真実に気付けたら、本当に幸せです。無条件に自分を認め、愛してくれている「存在」が先にあり、与えられっぱなしの中で、私たちは「生かされている」ということを知ったなら、自分もそのようにしてみたくなる。私はこれを「恵み」と呼んでいます。

45　心の揺れはその先に

先日、仙台での講演会で、支倉常長《はせくらつねなが》を題材にしてお話しする機会がありました。彼の精神的葛藤をくみ取りたいと、常長の人生に向き合ってみました。

常長は一五七一年に生まれ、一六一三年に伊達政宗の命により、遣欧使節団の大使となり、ヨーロッパへ向かいます。通商ならびに外交交渉という重責を担っていましたが、日本はキリスト教を禁じ、激しい弾圧へと時代が動いていきます。七年にわたる渡航を終えた常長は日本に帰国しますが、禁教令下で、隠遁《いんとん》生活を余儀なくされます。

常長は、かの地（スペイン）で一六一五年に洗礼を受けています。ちょうどローマへ向かう直前、教皇との謁見《えっけん》を控えた時期だったと想像しますが、どのようなきっかけで受洗に至ったのか。教皇や国王に対して、キリスト教への共感を証明するため、あるいは、政宗の意向を受諾させるための手段だったのではないかとも考えられます。

その後、常長は使節団大使としては何の実りも手にできず仙台へ戻り、不遇の時を過ごし、二年後に没しています。

帰国後、常長は自分の信仰について自問したに違いありません。揺れる心の中で、キリスト者としての意味を問うたのではないかと思うのです。十字架の上でみじめな姿をさらしているキリストに、自分の人生を重ね合わせたのは、自分が拒否され、日の目を見ることがない境遇に置かれた時からだったと思います。

大きな決断をした時には、高揚感と使命感で心は満たされています。しかし、その決断に障壁が生まれた時、私たちはその事柄の意味を深く問うようになります。一揺れ一揺れする日常の中から、揺るぎない心の土台がつくられるとするならば、その揺れにも意味がある。すなわち、揺らされることを恐れずに、進んでよいという証しでもあるのです。

46　祈りは、いつでもどこでも

アドリア海に面した国、クロアチアを八月に訪ねました。一九九一年にユーゴスラビア社会主義連邦共和国（当時）から独立したクロアチアですが、内戦の面影を払拭《ふっしょく》し、活気あふれる国でした。かつてのユーゴスラビアは、民族においても宗教においても多様性を内包していました。非常に複雑な背景を持つ国家だったのです。

そんな状況から独立を遂げたクロアチアですが、カトリック人口が国民の大半を占めており、至る所で教会と出合います。アドリア海を臨む風光明媚《めいび》な町を訪ねた時のことです。宿泊場所のすぐ隣の敷地に小さな石造りの教会がありました。

平日の朝八時ごろに散歩に出た私は、途中でこの小さな教会の前を通りかかったのです。開け放たれた小さな扉の向こうに、祭壇があり、神父と侍者、そしてミサに集う十人ほどの人々が祈っているではありませんか。そこが観光地の真ん中であることを一瞬忘れさせる光景でした。なんとも自然で温かい空気が流れてきます。

「祈る」とはこういうことなのか、とハッとさせられました。決まった時間に、何事にも煩わされず、自然な気持ちで思いを巡らす。外の喧騒《けんそう》も、観光客も、素晴らしい青い海も、すべては与えられたもの。全部ありのままに受け止めながら、じっと心の中で手を合わす行為。これが「祈り」だと思いました。いつでも、どこでも祈ることはできるのに、祈るための特別な場所や理由を探している私たち。

内戦当時、どれだけの祈りが日々ささげられていたのか、私には想像がつきません。しかし、たくさんの祈りに支えられてきたこの地に、いつまでも平和が続くよう心から願います。

47　忘れられないことをゆるす

今夏、ボスニア・ヘルツェゴビナの古都、モスタルを訪ねました。今もなおイスラム文化の影響を色濃く残す街です。隣国クロアチアから陸路でモスタルを目指したのですが、国境からしばらくの道のりは、かつてのボスニア紛争で破壊された建物が放置されたままでした。

モスタルへ到着すると、街の真ん中をネレトヴァ川が流れています。新市街から旧市街へ向かうには、スタリ・モスト（古い橋）という大きな石橋を渡ります。そして向かう先は、コスキ・メフメド・パシャ・モスク。十七世紀初めに建立されたモスクですが、訪ねた時は礼拝の真っ最中。後方から静かに内部を見せていただきました。すると、一人の男性職員の方が近づいてこられ、「どこから来たのですか」と問うのです。

私は、「日本、東京からです」と答えました。すると、彼は手招きをして、入り口の壁にはめ込んである大きな石板の前に私を連れて行きました。その石板には、「……

ボスニア紛争で完全に破壊されたこのモスクの再建に支援の手を差し伸べたのは、東京在住のムスリムの同胞たちであった……」と刻んであったのです。面識もない異国の仲間のために、必死に寄付を集めて送金する。私の胸に何かが問い掛けられたお話でした。

モスクを後に、先ほど渡ったスタリ・モストを戻ろうとした時、眼下に素晴らしいネレトヴァ川の景観が広がりました。ここで本当に紛争が繰り広げられたのか……。そして、少し視線を下方に移すと、大きなパネルが橋のたもとに設置されていました。そこには、「DON'T FORGET, BUT DO FORGIVE FOREVER」と書いてありました。「忘れてはいけない、しかし、永遠にゆるそう」。昨今の世界情勢を前に、この言葉はどんな意味を持つのでしょうか。

48　天国の住人との絆

カトリック教会では、十一月を「死者の月」とし、亡くなった方々を偲《しの》び祈る時期としています。私たちを日々支えてくれているのは、今を生きている生身の人間だけではありません。すでにこの世から去ってしまった人々とのつながりにどれほど助けられているか。そんなことを思い起こす時期でもあります。

「学問だけで人格はつくられない。芸術を愛する心を涵養《かんよう》しなくては真の人間性は生まれない」と教えてくれたのは、アメリカ人のJ・コレットさん（元セントルイス図書館館長）でした。また、苦境の中を生き抜いてもなお、人生に対するユーモアと機智を体現していたのは、ドイツ人修道女、イサ・ヴァームレンさん（聖心会）。彼女は、第二次世界大戦中にナチス・ドイツの強制収容所に収容され、そこからの生還者でした。お二人とも私に大きな影響を与えた年上の友人でした。

私はかつてアメリカで心理学の研究をする傍ら、タップダンスを真剣に習っていたことがあります。これは、中学一年の時の英語の先生、シスター若松清子（同）の影響なのです。中学生の頃、私は英語が苦手で落第生でした。テストの時は、いつも若松先生を悲しませていました。それから十数年がたち、私はアメリカでタップダンスを習い始めました。英語をまじめに勉強しなかった私のせめてもの罪滅ぼしのつもりで。実は、若松先生の特技がタップダンスとうわさで聞いていたからです。

天国に居る諸先輩方に思いをはせる時、今もなお、私は見守られ、導かれていることを実感します。彼らとの「目に見えない絆」、とでも言うのでしょうか。亡くなった祖母が、臨終を迎える時に私に言いました。「口は災いのもと。心して言葉を使いなさい」と。未熟な私には、まだまだ精進の余地ありです。

49　社会とともに、他者とともに

先日、東京・日本橋で、「振り返れば、道」という演劇を見ました。脚本家の有賀沙織さんが、三井家十代目当主、三井高棟《たかみね》と團琢磨《だんたくま》の企業人としての生き方を描いた作品で、示唆に富むお芝居でした。

企業の存在価値は、社会が豊かになり、国民が豊かになるためにある。この理念を貫いた高棟氏は、三井慈善病院（現在の三井記念病院）を設立し、貧困により医療を受けられない人々に向けての無料診療を行いました。当時は、三井の関係者は受診してはいけないという規則があったのですが、東京帝国大学の医師たちの行う診療が評判となり、三井関係者たちは、貸衣装屋から着古した着物を借りて受診者に紛れ込んだという逸話が残っています。

関東大震災（一九二三年）発生からすぐに、高棟氏は私財をなげうって、復興住宅を各地に建設しました。現在ならば国や自治体が行っていることを、個人のいち早い判断でやり遂げたのは、自らが手にした富は自らの所有物ではないこと、そしてそれは社会に還元するべきものであることの信念を持っていたからでしょう。この信念を具体化する時々に、最大の理解者であり実践者である團氏が傍らにいたのです。

物理的豊かさは、真の精神的豊かさを保証するものではありません。お金も物もしょせんは道具です。それをどう使うかで、心豊かな生き方にもなれば、〝精神的ケチ〟にもなり得るのです。今の時代、私たちの中に「質素倹約」「もったいない」の精神はどう生きているでしょうか？

「クリスマスは分かち合いの時」とかつて聞いたことがあります。自分にとって唯一無二の大切なものを、人々と分かち合うことができるか、チャレンジの時でもあります。皆さま、よきクリスマスをお迎えください。

50 地上にある「神の国」

読者の皆様、二〇一八年もどうぞよろしくお願い申し上げます。

さて、十二月のニュースで、二〇一七年を表す漢字に「北」が選ばれたと知りました。日本漢字能力検定協会が全国から募った結果だそうです。この「北」という漢字は方角を示す文字ですが、「人に背を向ける、逃げる、背く」という意味も含まれています。対話のない人間同士が背中を向け合っている姿が思い浮かんできます。

この漢字が選ばれたことを、今の社会への教訓として受け止めたいと思います。人と人が向き合い、対話し、助け合うことが当たり前の社会が一日も早く現実のものになることを願います。そのためにできることは何かと、私はいつも考えます。

その一つは、次世代の教育です。私が関わっている人間塾では、常に「世のため、人のために自分にできることは何か？」と、大学生である塾生たちに問い続けます。「自分さえよかったらいい」、「人に関わったら損」という風潮に徹底的に抵抗しているのです。人と向き合うことを苦にしない人間、喜んで人に関わっていける人物を育てたいと強く思います。

キリストはファリサイ派の人々から、神の国の到来はいつかと聞かれて、「実に、神の国はあなたがたの間にあるのだ」（ルカ十七章二十一節）と言われました。はるか彼方《かなた》の天国ではなく、現実として今、生きている世界、自分が存在しているこの場所が大切なのです。

この地上に平和と慈愛に満ちた世界を、力を合わせて私たちはつくっていかなくてはなりません。その思いを次世代に託し続けることを今年も自らのミッション（使命）と信じて、日々を生きたいと思います。読者の皆様にも恵みあふれる一年となりますように。

51　原石を輝かせるために

先日、カトリックのある小学校でお話をする機会がありました。対象は保護者の方々。テーマは「ミッション学校と家庭教育」でした。学校運営も人間が行うことですから、完全完璧であるとは限りません。しかし、神様からの預かりものである子どもを､導き育てる場所がミッション学校です。一本筋の通った信念と方針に基づいて、ミッション学校は存在しているはずです。

よって、学校での教えを十分に理解し、教師と共にわが子の成長を見守り続けるのが、家庭であると思います。

効率性よりも時間をかけてじっくりと思考すること。結果以上にそのプロセスを重視すること。正義や善に敏感であること。「自分さえよければいい」ではなく、人々と共に苦労もいとわず挑戦すること等々、ミッション学校の特性は枚挙にいとまがありません。

そして私は、ミッション学校の最大の理解者は保護者であると思っています。

美智子上皇后が皇太子妃時代に、わが子への思いを詠まれた歌があります。「あづかれる宝にも似て　あるときは　吾子《わこ》ながらかひな　畏れつつ抱く」（一九六〇年）。子どもへの深い愛情と、わが子でありながらも「天」からお預かりした宝のように感じ、畏怖の念を覚えながら子どもを抱く姿が、目の前に浮かび上がってきます。子どもは誰一人もれることなく、神様からの預かりものです。そして、宝の原石です。原石は研磨しなくてはならず、磨き、削り、熱し、冷やすことも必要です。研磨なしに輝くことはないのです。

ミッション学校は研磨の場、そして研磨されて少しずつ輝き始めた原石を「あなたらしく輝いていいんだよ」と祈り続けるのが家庭教育の役割です。未来の光は、この子どもたちの人間性の輝きに他ならないからです。

52 喧騒から静寂へ

　四十年以上前の話です。カトリックの中学・高校で学んでいた時代、一日に何度も聞いた言葉の一つは「沈黙」でした。朝礼時の沈黙、朝の祈りで沈黙、授業の始まる前にいったん沈黙、職員室の前を通る時はもちろん沈黙、聖堂前でも沈黙、終礼で再び沈黙、最後のお祈りで必ず沈黙……。「話す時」と「黙する時」のメリハリが、はっきりとしていました。

　今の生活を振り返ってみると、朝から講演会で語り、昼は会議で話し、夕は学生としゃべり、一日の最後に電話で駄弁《だべ》る。のべつ幕無しに声を出す毎日、寝ている以外には黙する暇もないのです。

　たまたま通りかかった教会に、ふと足が向き、ドアを開けて聖堂の中へ入ってみました。静寂の中、凛《りん》とした空気が流れます。久しぶりに出会った沈黙の時間、ぜいたくなひと時を味わい始めた途端、ドアの向こう側から大きな話し声が聞こえてくるではありませんか。静寂は破られ、凛とした空気はたちまち緩み始めます。ゲラゲラと笑う声、ガタガタと物を動かす音、そして無遠慮で下世話な話し声。

これは、教会だけではなく、神社仏閣を訪ねた時にも、同じ経験をしたことがあります。静謐《せいひつ》さが尊重されるのは、神仏への敬意であり、その空間でひそやかに祈りをささげる人への心遣いではないでしょうか。苦しみの中の祈りかもしれないし、どうすることもできない無力感を祈りの中で吐露しているのかもしれない。それに寄り添うための「沈黙」。

幼いころは、「沈黙」が心を整えてくれることも、この世界の声を聴くために必要であることも、私は分かっていなかったのです。語りたくなる時こそ、一度黙する勇気を持ちたいと思います。聞こえていなかったものが聞こえてくるような気がするのです。

53 復活、いのちの尊さを継ぐ

先日、鹿児島への出張がありました。初めての鹿児島でしたが、ぜひ行ってみたい場所がありました。その場所は、知覧《ちらん》特攻平和会館です。第二次世界大戦末期の沖縄戦における特攻隊の話は、亡くなった祖父母からもよく聞かされており、幼心にも、平和の大切さと戦争反対の思いを持つようになりました。

平和会館の中には、二百五十キロの爆弾と片道の燃料を搭載した戦闘機が展示されていました。それを取り巻くように、沖縄特攻作戦で亡くなった一千三十六人の方の遺影や遺書などが陳列してあります。

残された手紙の一つ一つを見ていくと、そのほとんどが出撃前日に書かれています。家族や友人など、愛する人々に向けられたものばかりです。達筆な文字からは、「自分は今から死んでいくけれども、皆には元気でいてほしい」という必死の願いが伝わってきます。言い換えれば、「残る人々にこの国の平和と復興を託したい、だからこそ皆には生きてほしい、いや生きなくてはならないのだ」という壮絶な祈りなのです。

特攻隊員たちのほとんどは、日本の敗戦をすでに予想していました。しかし、脱走することも任務を断ることもできない状況下、自分の死の意味は何であるのか。多くの若者が自問自答したことでしょう。そこに唯一、見いだされたものは残る者たちの生存と国の平和を希求することでした。

私にとって今年の復活祭は、重い意味を持つものとなりました。自ら進んで死を受け入れた者の勇気と葛藤。その真価は、自らの死を通して、愛する者たちへ命の尊さを伝えることにあったと思います。平和会館に続く一本道には、桜のつぼみがほころび始めていました。いのちの息吹を祝するかのように。

54 「同行二人」の遍路みち

人間塾では、毎年五月の連休に香川県小豆島での「お遍路」を実施しています。お遍路とは、空海が約千二百年前に開いた修行の道を、歩きながら回っていく巡礼です。小豆島の遍路は、全行程百五十キロほどですが、山あり谷ありの大変厳しい道のりが特徴です。

スマートフォンもパソコンもない中で、ひたすら歩き続ける「歩き遍路」に私はこだわっています。塾生たちは、晴れても雨が降っても、笠をかぶり、杖をついて、毎日歩き続けなければならない。そんな単純な行為に何の意味があるのでしょうか。

塾生は「勉強も就職活動もしないで、ただ歩くなんて時間の無駄だ」と最初は思うらしいのです。疲労の蓄積の中で、朝起きて、食べて、歩いて、また食べて……、夜になればただ眠る。単純な行為の連続の中に、実は大きな意味が隠されているのです。

やがて塾生たちは、誰かのために歩こうと考えます。あるいは、誰かを思って歩くことに変化していく。それは、人への感謝であったり、自己を受け入れることであったり、人さまざまですが、理屈抜きの心の世界を知り始めます。

お遍路では、「同行二人《どうぎょうににん》」という言葉が大切にされています。たった一人で歩いていても、心は一人ではない。自分を支えてくれるこの杖こそが、同行者の空海であり、この道行きは決して孤独ではないという考え方です。洋の東西を問わず、目に見えぬ存在が一緒に歩いてくださっている、という考え方は普遍です。

そこから生まれる感謝と安堵《あんど》。そして、自分も誰かの〝杖〟になろうと希望を持ち始める。その過程が「お遍路研修」だと思うのです。塾生たちは人生の意味を探しながら、今年も歩き続けています。

55　みこころに導かれて

六月になりました。この時期、思い出すのは、中学・高校時代の制服の衣替えと、「イエスの聖心《みこころ》」を祝う行事です。私は、「イエスの聖心」にささげられ、その名称を戴《いただ》く学校で育ちましたので、「聖心の祝日」には格別な思いがあります。

しかし、幼いころの疑問は、『「みこころ』って何だろう」ということでした。

今から四十数年前、中学校の宗教の時間に、初めて「みこころ」という言葉を聞きました。その授業の担当は修道女の先生でした。先生は、『「みこころ』とは神様の限りない愛を象徴するものです。イエス様の生き方に倣《なら》って、あなたたちも愛をもって生きなくてはなりません」とおっしゃいました。しかし、私の頭に浮かんでくる次の疑問は、「愛って何?」というものでした。

今、私は、日々出会う若者たちに「愛」について伝えようとしています。長所も短所も併せ持った自分自身を、まず受け入れること。自分をゆるさなければ、人をゆるすことはできないこと。そして、この世に生まれてきたこと自体、あなたにしか生きられない「固有の人生」への期待があること。これらすべての軸は愛であり、言い換えれば「みこころ」の現れだと、私は思っています。

幼いころは何も理解していませんでした。それでも学校で、一つの考え方を強要されたり、他の選択肢を与えられなかったりしたことは一度もありませんでした。いつも、思考の自由があり、自らが選び実践することが許されていました。今振り返れば、これこそ「限りない愛」であり、「みこころ」の実践だったように思います。

「愛」は「所有」ではなく、「存在」そのものをゆるし、信じ、希望することだと知るようになりました。六月になると、「みこころ」の〝にわか信心〟をする私を、大いなる愛で包み込んでくださる「みこころ」に出会うのです。

56　恵みは不思議

私がカトリック教会と出会ったのは、不思議な偶然からです。地元の公立小学校一年生の時。同じクラスになったA君のご家族が、私を教会に誘ってくださったのです。手の合わせ方も、十字架の切り方も、お祈りも聖歌の数々も、毎週の教会通いで覚えました。

人生を振り返りますと、自分の狭い想像の範囲を超えて、予期せぬ出来事と遭遇することが多々あります。その時は、何の意味があるのか、よく分からないのです。しかし、月日がたつにつれて、浮き上がって見えてくるものは、今の自分のために、ずっと前から用意されていたかのような経験の数々。このように受け止められること自体が「恵み」だと思いますが、自分の心の軸がブレていると、どうしても素直になれないものです。

そんな時、私の背筋をピンと伸ばしてくれる言葉があります。初めてその言葉に触れた時、大きな衝撃を受けました。それは、「ルカによる福音書」六章三十五節にある記述です。

「しかし、あなたがたは敵を愛しなさい。人に善いことをし、何も当てにしないで貸しなさい。そうすれば、たくさんの報いがあり、いと高き方の子となる」

「敵を愛しなさい」、「何も当てにしないで貸しなさい」という言葉は、いつの社会にも強く投げ掛けるものがありますが、私の心にも深く鋭く響くのです。

自らの保身と安定のために、人を蹴落とし、切り捨てていく風潮を、今の社会に感じます。自分の心の中にも、「損したくない、だまされるものか」という欲求がいつも存在しています。そんな時、ルカのこの言葉は、私を原点に引き戻します。人間社会の原点、そしてキリストに倣う者の原点です。

恵みとは不思議なものですね。こんな文章を書くことになろうとは、五十年近くも前の小学生だった私には、想像することすらなかったのですから。

57　終わらない夏

今年の夏は、まれにみる酷暑ですが、読者の皆様、いかがお過ごしでしょうか。

先日、アメリカ留学時代の話をある場所ですることになりました。その準備のために、今から三十年前の学生時代の記憶をたどってみました。すると、今だからこそ理解できる恩師たちの言葉がよみがえってきたのです。

一人の恩師は、私に「これからの世界は民族と宗教で分断されるようになる。イデオロギーでの分断時代は終わった。世界の動きをよく見つめなさい」と教えてくれました。

もう一人の恩師は、「人間の発達の証しは、倫理観の涵養であり、道徳的基準を自分の中に持つことだ。そのためには、常に疑問を持つこと、考えることをやめてはいけない」と導いてくれました。

三人目の恩師は、「本を読むことで想像力を膨らませ、芸術に親しむことであなたの中の創造力に火がつく。異質なものへの敬意は、想像力と受容、創造性と寛大さで育つ」と示してくれました。

　このうちの二人はすでにこの世にはなく、一人は今年九十四歳になりました。嗚呼《あ》、光陰《こういん》矢の如《ごと》し。私の人生を顧みると、学ぶにはあまりに短すぎ、理解すべきことはあまりに多く、深いと圧倒されます。しかし、恩師の足元にも及ばない未熟な自分自身を抱えながら、日々、人間としてよりよく生きたいと願うばかりです。

　八月六日、そして九日がまた巡ってきます。広島と長崎がその象徴として私たちに示し続けるものは何か。人間の愚かさだけではないはずです。

　八月は私にとって、恩師たちの言葉をかみしめる季節であり、それを少しずつでも体現したいと希求する時。一九四五年八月十五日ですべてが終わったのではないのです。そこからまた始まり、今も続いている。この世界でも、そして私たち一人一人の心の中でも。

58　負の遺産にも一筋の光

先日、ひょんなことから、南イタリアのマテーラという町を訪れることになりました。この町は、石灰岩の浸食によってできた渓谷に洞窟住居が作られ、そこには、八世紀以降十三世紀ごろまで、東方を追われた修道僧たちが住んでいたそうです。彼らは一説によると、カッパドキア（トルコ）、アルメニア、シリアなどから逃れてきた潜伏の修道僧たちであったといわれています。

その後、歴史に翻弄されながらも、長い月日が流れ、一般の人々の住居として使われていきました。しかし、二十世紀に入って、劣悪な環境のままで住み続ける人たちが増えてしまい、衛生状態の悪化と共に疫病がはやり、乳児の生存率低下も見られるようになりました。

上下水道の設備もなく、人間と家畜が共に住み、光も差し込まない洞窟住居は、南イタリアの「貧困」の象徴とまでいわれました。そして一九五〇年代になると、法的に強制退去が命ぜられ、マテーラの洞窟住居は無人の廃虚となってしまいます。

数百年にもわたって迫害の歴史に耐えた修道僧の胸の内を思うと、マテーラの町の洞窟住居はもの悲しく、その光景は苦しみに耐え抜いた姿です。おまけに私が訪ねた日は、突然の雷雨で、悲しみの涙と怒りの雷に出迎えられたようでした。

重くつらい気持ちで見学を終えて、町を後にしようとしたとき、数メートルおきに立ててある旗が目に飛び込んできました。そこには、「マテーラ・二〇一九年欧州文化首都決定」と書いてあります。迫害と廃虚の象徴であった町が、長期的な文化や社会発展に期待できる町と認められ、ＥＵ（欧州連合）の文化首都になるというのです。一度死んだ町が、人々の熱意と努力で再生し、生まれ変わろうとしている。

価値のコペルニクス的転回（物事の見方が百八十度変わること）に、一筋の光を感じずにはいられませんでした。そして、町を離れるころには、先ほどの雷も雨もすっかりやんで、青空がのぞき始めていたのでした。

59　崩れゆく中の美しさ

今年の夏、友人に会うためにイタリア・ローマを訪ねました。約束の日まで丸一日、自由時間ができましたので、近郊の町まで出掛けました。

そこはチヴィタという小さな集落で、二千五百年以上前につくられた町でした。凝灰岩台地の上につくられた町は、何度かの地震で地盤沈下し、また土台となっている凝灰岩が、渦巻き状に起こる強風と、台地を取り囲む二つの川による浸食で、どんどん削られているのです。

最初は雄大な裾野が広がる山の上の立派な町だったのですが、長い年月を経て、かじったリンゴのように、真ん中だけを残して少しずつ削られ、崩壊直前で持ちこたえているのです。チヴィタの別名は、「死にゆく町」。かつては、教皇様も足しげく訪ねられた場所だったのですが。

その場所を案内してくれた、チヴィタ出身のイタリア人が、私にこう言うのです。「百年後か二百年後には、この町は存在しないかもしれませんよ。だからこそ、今の儚《はかな》い姿が美しく、歴史を見つめてきたこの場所が愛《いと》おしく思えるのです」と。

私はハッとさせられました。東京に戻ると、そこは建設ラッシュの真っただ中。古いものを活かすよりも壊し、高層化、奇抜なデザインがあふれている。何か無機質な温かみの無い空間に押しつぶされそうな錯覚をおぼえます。

結局のところ、古いものを守るには時間とお金がかかる。それならば壊してしまえ、という発想なのでしょうか。しかし、私は知りました。崩れゆくものの中の美しさと、歴史の中で生きた人々の息づかいが、今も存在することを。チヴィタ……、死にゆく町、そして、人々が生きた証しを語り掛ける町。

60　考えることが社会を変える

最近、ハンナ・アーレントについて講義をすることがありました。この人は、一九〇六年生まれの女性哲学者で、特にナチス・ドイツの全体主義や反ユダヤ主義に関する研究が有名です。

アーレントは、「思考が停止した大衆によってナチス・ドイツの全体主義は強化された。そしてこのような事態は、考えることをやめた人間であれば、誰にでも起こり得る」と主張しました。

「思考停止」になった人間は、簡単な解決策や安易な方法を好みます。しかし、人間社会において簡単に答えが見つかることはまれです。安易な生き方が通用するほど甘いものではありません。皆が必死に知恵を出し合い、時には侃侃諤諤《かんかんがくがく》議論をし合い、ようやく少し前進するのが現実社会です。

アーレントの考え方に触れて、私は深く考えさせられました。今の社会は、人間を「考えない方向」に押し進めているのではないかと。すぐに正しい答えを欲しがる、しかもそれは一つしかないと思い込んでいる。議論を避けてある考え方に誘導し、最終的には反対派に諦めさせる。苦労無しの手軽な金もうけを持ち掛け、それに大勢の人が乗る。何か変だとは思いませんか。

悩んで、苦しんで、考えて、それでも答えが出ないジレンマ（板ばさみ）に向き合うことが、私たちを強くする。恐ろしいことに、暴力に訴えない全体主義はこの現代社会なら可能です。だからこそ、より良い社会をつくっていく人間の力強さが必要なのです。そのためには、まず「思考すること」から始めなくては。考えたり悩んだりすることが許され、声を上げる者が歓迎されること、それが大切なのです。

61　クリスマスのプレゼント

毎年十二月が巡ってくると、「もうすぐクリスマスだ」とうれしくも、ちょっと落ち着かない気持ちになります。特に十二月二十四日は、私にとって思い出深い一日です。

中学、高校とミッション学校に通っていた私は、二十四日に学校で行われるミサが楽しみでした。その夜のミサには、凛とした空気の中にも温かみがありました。そして、私たちに何か懐かしさを感じさせる不思議な雰囲気に包まれていました。外はとても寒く、夜空の星がキラキラと輝いて見えます。羊飼いたちもこんな夜空を見ていたのかな、などと想像しました。

ホカホカと温かい建物の中で、ミサの後には、シスター方お手製のココアやクッキーが振る舞われます。高校生になっても、このお茶の時間が楽しみでした。

成人し社会に出ると、クリスマスのミサに参加できないことが多くなりました。しかし、街の喧騒やクリスマスプレゼント商戦には、時折、違和感を覚えます。クリスマスの本当の意味って何だったっけ?と、毎年同じことを自問自答します。

　二千年以上前の話で終わらせるのではなく、今の時代に投げ掛けられているクリスマスのメッセージとは何かを考えています。当時、何の変哲もない場所で、つつましく平凡に生きている人々にまず降誕のニュースはもたらされました。それは、孤独や苦悩に直面した時に、誰かが希望や温かさをプレゼントしてくれるような瞬間だったと思います。

　変な言葉ですが、「自分ファースト（第一主義）」ではなく、「相手ファースト」で物事を眺めてみたら、私たちの目には世界はどう映るのでしょうか。寒い夜空の下で、心がホカホカするようなクリスマスを迎える人が一人でも多いことを心から願います。

　メリー・クリスマス!

62　生きた教会へ

　哲学者の三木清（一八九七〜一九四五年）は著書『人生論ノート』の中で、偽善について語っています。偽善者が意識するのは「自己」ではなく、「他者」であり「社会」であること。偽善が人を破滅させるのは、偽善の中にある「追従《ついしょう》」であること。しかし今の社会において、「追従する偽善者」と「率直で純真な人間」を、一目で識別する力を持った者が少ないことを論じています。この著作は、今から七十年以上も前に刊行されたものです。

　この論考は、今ここに生きる私たちに向けて書かれたかのような内容です。三木は、偽善は道徳的退廃の特徴だとまで言うのです。道徳的退廃とは何でしょうか。それは、表面上の形を崩すことなく、内側を腐らせていくことです。偽善の結果は、見た目の美しさとは裏腹に、その奥には何の生命も宿ることがないのです。ずばり、虚無の世界です。

　このような落とし穴が、祈りや信仰生活にもあるように思います。〝例えば〟の話ですが、毎週欠かさず教会に行くこと、そこで決められた言葉を発し、祈りを唱えること。その後に教会の仲間とお茶を楽しみ、人のうわさ話に花が咲き、新しい訪問者が来たことにも気付かないまま教会を後にする。

これらがすべて、単に「習慣」に始まり「習慣」に終わる行動だとしたらどうでしょうか。習慣そのものは悪いものではありませんが、どこか「必死さ」や、「生きるために、なりふり構わない」心の方向性が感じられないものです。人間が一生懸命になる時、人の目を気にすることなく、その問題だけに集中します。なりふり構わず、救いを求めて、「大いなる存在」の声を聴こうとします。

私自身、各地の教会を訪ねることがありますが、「初めてですか？」と声を掛けられたことは、残念なことに一度もありません。むしろ「どこの誰だ？」といわんばかりにジロジロと見られます。自分たちの「習慣」の中に収まらない出来事を、排除したいという心理が働くのでしょうか。その奥側に虚無ではなく温かい生命が存在する、そして「偽善」でなく「習慣」でもない、「生きた教会」にしていきたいものです。

63　カトリック学校で学んだこと

私は中学から大学院まで十七年間、カトリック学校に在学していました。筋金入りのカトリック学校育ちですが、決して優等生ではありませんでした。宗教の授業では、シスターのお話にやたらと反発してみたり、聖書の教えを否定したりと、困った生徒でした。しかし、シスターたちは全く動じませんでした。すべて想定範囲内のように、大きく構えて悠然としておられました。

大学生くらいになると、心のよりどころを求めて今度はキリスト教を学びたいという気持ちが湧いてきました。「来る者拒まず」の精神で、母校は、反抗児だった私を大きく受け止めてくれました。

学校で教えられたことの真価が問われたのは、ずっと後になってからです。社会人になり仕事をするようになると、面倒くさいことに遭遇することがしばしばあります。もちろん、「嫌だな、できれば避けたいな」と思います。しかし、誰かがそれを引き受けなくてはならない時に、皆が「しーん」と沈黙になるあの時間が私には耐えられないのです。よって、思わず手を上げて「私でよければ……」と申し出てしまいます。

私は、これはカトリック学校の素晴らしい教育効果だと、今になって思うのです。誰かがどこかで、嫌でもやらなくてはならない。そのような状況に置かれると、「弱い自分」との戦いです。しかし、結論は「私でよければ……」になってしまうのです。そして、実は喜んでそれをやっている自分がいるのです。自己犠牲などと思ったこともなく、私さえ我慢すればいいなんて感じたこともない。

日常生活の中の小さな「死」とでも言いますか。わずかなことですが、「自分の中心」を人に譲るような感じなのです。社会で起きていることを他人事にしないで、「自分にでき得ること」に進み出る勇気。これが私の受けた教育の求めるところだと思っています。

64　成長を熱望するのは愛

三月は別れの季節。学校を卒業して広い世界に旅立っていく若者を見送る季節でもあります。私が塾長を務める人間塾でも、四月から社会人になる学生が数人おります。それぞれが歩んできた道のりは、並大抵のものではありませんでした。

彼らの学業や生活態度については、皆それぞれに実力を発揮して学生生活を全うしました。しかし、一貫して彼らの課題としてあったのは、「自信を持つ」ということでした。高度経済成長期以降の受験システムの影響なのか、その人自身の性格的要因なのかは、人によって異なりますが、「ありのままの自分を受け入れる」ことのできない若者の多いことに驚かされます。

人と比べても仕方がないこと、何を目指して生きたいのかを明確にすること、ぶれない「軸」を心の中に持つこと……。私は彼らにたくさんの考える課題を与えながら、共に答えを探してきました。それぞれに、心の琴線に触れるヒントがその道程で見つかったのでしょう。数年たつうちに少しずつではありますが、この若者たちは、自分の心を真っすぐに見つめることを恐れなくなってきました。

私が塾生の伴走者として気を付けたいことは、「たとえ厳しい言葉であっても正直に伝えよう。お互いに誠実であるためには叱ることも辞さない」ということです。

私はよく怒ります。しかも関西弁で。塾生はその迫力に最初はおじけづいていますが、だんだんと慣れてきて、やがてはその言葉の中の真意をつかもうとします。

人を育てる役割にある人は、ほめることも大切ですが、叱ることを恐れてはいけません。しかし、一つだけ条件があります。その人自身の人生における成長や幸せを熱望しているかどうかです。すなわち、与える言葉にも、立ちはだかる壁にも、愛がなければなりません。「自主・自尊」の精神は、ひるがえっては他者を大切にする精神につながります。それこそ愛の始まりです。

65　キリストの復活、心の再生

今年も復活祭の季節がやってきました。幼い頃に教えられたご復活の物語は、死んだものが再びよみがえるという奇跡でした。思春期の反発心も加わって、子ども心に「そんなこと、あるわけない」と懐疑心でいっぱいの私でした。しかし、年齢を重ねてくると、このご復活の物語に心救われることが何度も起きるのです。それも摩訶《まか》不思議な奇跡物語ではなく、生活の中での実感を伴った人生経験として。

時折、「死んだらおしまい」という言葉を聞くことがあります。この物質的世界では、死んでしまったら肉体は滅びますから、確かに死は一つの終わりを示しています。しかし、この世を離れた魂は、異なる活躍の場を与えられることになります。実際、私は今も毎日、他界した誰かを思い出さない日はありません。そしてその時は、共に経験した苦楽が思い出されますが、愛された事実も確実によみがえってきます。

つまりは、私はその人たちに今も支えられ、救われて生きているのです。ですから、すでに死んでしまった人々は、時空を超えて、現在も私たちの心の世界で一つの働きを担っています。これを復活といわずに、なんと呼ぶのでしょうか。

ポジティブ（積極的）思考の原則は、「負」に見えることが、実は「正」であり、「マイナス」に感じられることが、実は「プラス」であるというところにあります。死んでいるのに生きている。影も形もないのに確実に存在している。これこそ究極的ポジティブ思考であり、私たちに絶望ではなく希望を与えてくれる哲学だと思うのです。

キリスト教における「復活」の重要性をよく考えます。クリスマスも大切ですが、併せて「ご復活」という出来事がなければキリスト教の神髄は語れない。私にとって、復活祭は、「キリストのご復活」だけでなく、私自身の心の再生を祝う季節なのです。枯れかけていた心に、「生」の息吹が吹き込まれるのですから。

読者の皆様、間もなく迎えるご復活おめでとうございます。

66　子は宝、母の思いもまた宝

新緑の季節を迎えました。このすがすがしい五月は、「聖母マリアの月」です。「マリア様」について習ったことがあるにもかかわらず、最近疑問を感じています。この年齢になるまで、マリアの「母」としての悲哀を、私は本当に理解していたのかと。

およそ出産にはふさわしくない場所で、マリアはイエスを産みました。そして、日々、成長するわが子を、思慮深く見守り育てたマリア。天からの預かりものである「宝」を、いつか社会へ送り出す日が来ると予期していた賢明な母であったと想像します。そして、やがてわが子は時が来たことを知り、嵐吹きすさぶ社会へ出ていきます。

人間的に表現すれば、子が親の元を巣立っていくのですが、同時に、親子の深い信頼は揺るぎないものでした。この親子の物語は、息子の最期を母が見届けることで一つの節目を迎えます。

母親にとって、わが子の死を受け入れることの悲痛を思う時、察するに余りあります。誕生の喜びから始まった親子というご縁、併せて、わが子の死に立ち会う悲しさ、苦しさ。このようなすさまじい状況をマリアが生きられたのは、ひとえに母としての愛と信仰の強さからでしょう。

マリアは、わが子に全幅の信頼を持って見守り続けました。「わが子の生き方の中に常に流れているものは、一時的な剣に倒れても、かならず復活する」と母は確信していたはずです。かつて馬小屋の中で、天から預かった「宝」としてイエスを懐に抱いていたマリア。あなたもまた天からの「宝」でした。

今を生きるお母さんたちへ。天からの預かりものは、あなたの子どもだけではありません。あなた自身も天からの「宝」であることを忘れないでください。自分の価値を知った人だからこそ、人の価値を真に理解することができるのです。

67　恩師との出会い　その一

六月は「みこころ」をお祝いする月。「みこころ」といえば、「それはイエス様の聖心《みこころ》です」と、事あるごとに言われた思い出があります。

カトリックの女子大学に進学した私は、そこで、強烈な個性を持ったある修道女と出会いました。神様のためならば、たとえ火の中、水の中。イエスの生き方に倣うならば、なりふり構わず突き進むことを辞さない、すさまじいバイタリティーを持った先生でした（まだご健在ですが）。よって、多くの学生たちが、自らの生き方に大きな影響を受けました。

この先生の情熱がやむことなく注がれたのは、苦しんでいる人や悩んでいる人たちに向けてでした。私がフィリピンのスラム地域の人々に出会い、豊かな人生経験を得ることができたのも、この先生の導きのおかげでした。

しかし、先生はいちずさゆえに、一度決めたことを実行するためには、常識やルールからはみ出してしまうことも多々ありました。善きことを実践しているのに、誤解されたり、人から迷惑がられたりすることもあったように記憶しています。私も、その先生と異なる意見でぶつかったり、互いに誤解したこともありました。

その先生との出会いから四十年近くがたち、今、思い返してみますと、ずっしりと心に残るものがあります。それは、今最も必要なことを知り、そのためには自分が傷つくことも、誤解されることも恐れないで進んでいく気概。このような気概を持った教育者が少なくなりました。この先生の中に流れていたのは、「宣教者魂」だと思います。派遣されたところで、自分にできることを精いっぱい実践する。そして一粒の麦のように最期を迎えても悔いはない。

先生にいつも言われたのは、「それはイエスの聖心です」でした。有無を言わさぬこの言葉が、今、なんとも懐かしく、そして温かく響くのです。恩師への感謝があふれてきます。

68　恩師との出会い　その二

当時、大学生だった私は、友人たちと共に長崎巡礼の旅を企画しました。一九八二年七月二十三日､友人たちと共に長崎市立山にある黙想の家に一足先に到着しました。そこで、黙想指導をお願いしたダニエル・コリンズ神父様をお待ちしたのです。

しかし、その夜、降り続いた雨は無情にも豪雨となり、後に長崎大水害と呼ばれる未曽有の災害になってしまいました。黙想の家の窓から吹き込んでくる雨を雑巾やタオルで押しとどめながら、神父様の到着を待っていました。外の雨は一層激しさを増して、私たちは眠ることもできずに、ひとところに固まって、雨のやむのを待つしかありませんでした。

何時間たったのか､日付はすでに翌日になっていたと思います。雨が降りしきる中、ドアをたたく人が……。皆で慌ててドアを開けると、そこには全身ずぶぬれの神父様が、聖書の入ったかばんを頭の上に載せて立っておられたのです。そして「車がないので、駅から歩いて登ってきました」とさらりと言われたのです。

体格の立派な方だとはいえ、この豪雨の中を、胸まで水に漬かりながら、何時間もかけて歩いて登ってくるとは。私たち学生の巡礼の旅に、自らの命を懸けて駆け付けてくださったことへの、誠実で熱い生き方に、私は大きな影響を受けました。

その後、フィリピンへの研修にご一緒した時に、ご親戚が先の大戦で日本軍と戦って亡くなっておられる話を聞きました。日本に対しての複雑な思いもあったでしょうが、若い頃にアメリカから日本に遣わされて数十年。

この神父様が司式されるミサが懐かしく思い出されます。ミサの最後に司祭が会衆に向かって祝福を与える箇所がありますが、この神父様はご自分に対しても、額から胸へ、そして左右と十字をきるのです。人に祝福を与えるだけではなく、ご自分も共に祝福にあずかる一人であるかのように。キリストへの全幅の信頼を生きてこられたコリンズ神父様の姿を、最近よく思い出しています。

69　恩師との出会い　その三

フィリピンのセブで、アニー・パカさんに出会ったのは、かれこれ三十五年以上前になるでしょうか。四十歳にもならない年齢なのに、栄養失調で歯が一本もないのです。その上、重度の結核に侵されていました。

フィリピンでのスタディー・ツアーに初めて参加した私は、自分が置かれた環境とはあまりに異なる「貧困」を目の当たりにし、驚くことばかりでした。そして、さまざまな疑問や懸念が湧いてくると、アニーさんによく質問をしました。彼女は、流《りゅう》暢《ちょう》な英語を駆使しながら、ボランティアとしてスタディー・ツアーの手伝いに来てくれていたのです。

経済大国としての日本は、当時のフィリピンに対して、決して真摯な姿勢で向き合ってはいませんでした。「多国籍企業」や「搾取」という言葉を知ったのもこの頃でした。よって、一部のフィリピンの人々の中には、日本に対する批判的な思いが強くあったと思います。しかし、アニーさんは、私にとても親切にしてくれ、温かい友情が日々芽生えていくのを感じました。

翌朝にはセブを離れるという夜、現地の大学生数人とアニーさんとで、明け方まで語り合ったことがあります。その時に、私は自分の疑問を正直に投げ掛けました。「どうして見ず知らずの私に、こんなに親切にしてくれるのですか」と。すると、アニーさんは思慮深い目をして、こう言いました。

「神様の前では、あなたと私たちは兄弟姉妹です。どんな違いがあろうとも、兄弟姉妹であることを否定することはできません。だから、あなたを愛するのです。神様の前ではみんな同じですよ」

アニーさんたちと約束した通り、翌年もセブを再び訪れました。しかし、アニーさんの姿はそこにはありませんでした。すでに神様のもとに召されていたのです。市井《しせい》の恩師は、大切な人生の教えを残しながら逝ったのです。

70　恩師との出会い　その四

一カ月ほど前に、アメリカ・セントルイスを訪ねました。母校であるセントルイス大学でお世話になった教授と再会するためです。先生は、妻が数年前に亡くなって以来、九十四歳になった今も一人暮らしを続けています。今回の訪問は、フランスの哲学者ジャック・マリタンについて、先生から薫陶を受けるためでした。三泊四日の短い旅でしたが、三十五年も前の留学時代がよみがえったような、一学生に戻った日々でした。

かつて先生のもとで足かけ八年の学生生活を送った私は、学位を取った後、すぐに日本に戻りました。それから五年ほどたった頃、先生ご夫妻に日本に来ていただきたくて、旅行計画を立てることになりました。

成田空港に到着してから約三週間の旅程を組むのに、先生ご夫妻の希望の訪問地について尋ねる手紙を出しました。一週間ほどして返事が来ました。そこに書いてあった内容は、私の予想をはるかに越えるものでした。

手紙には以下のように書いてありました。

「……アメリカ国民の一人として、まずは広島と長崎におわびの旅をしたい。そこで犠牲となった人々への追悼の祈りをささげることなしに、観光をする気にはならない。まずは広島と長崎へ行けるようにしてほしい……」

私はこの手紙を受け取って、大変驚きました。京都や奈良、東京や大阪を訪ねてみたいと言われると思っていたのです。しかし、先生の意向は違っていた。ご夫妻は、アメリカ人として原子爆弾による惨禍に対し真摯に向き合いたいと言われたのです。

今も、先生は変わらぬ精神性を持って生きておられました。正義、平和、国家、信仰、人間、対話、愛……。さまざまな見地から、たくさん語り合い、たくさん学びました。凛然と生きる恩師の姿に、今もなお教えられています。

71　恩師との出会い　その五

その恩師との出会いは三十五年前。当時私は大学四年生で、卒業後はアメリカに留学したいと思っていた頃です。いくつかの大学に入学願書の送付を依頼する手紙を書きました。すぐに一通の丁寧な手書きの返事が返ってきました。しかも古めかしい日本語で。この手紙が恩師との最初の出会いとなったのです。

彼女は、大学の教務部の責任者で、しかも教育学の先生でもありました。韓国李朝の末裔《まつえい》に生まれた先生は、紆余《うよ》曲折を経てアメリカへ。そして医学者であった夫と共に、セントルイス大学(イエズス会が運営)に奉職することになります。そのご縁があって、私は、セントルイス大学の大学院へ進学することになるのです。

幼い頃、日本軍の侵攻で日本語教育を強いられた先生は、今も流暢な日本語を書き、話されます。私は出会ってすぐに、先生にこう尋ねました。

「先生にとって日本という国は好ましくない国の一つではないですか？　その国から来た日本人の私に対して、こんなに親身になって温かく導いてくださるとは……」

すると先生は、きっぱりと言われました。

「アメリカでさまざまな国からやって来る留学生を見てきました。その経験から、人間は国で規定されるのではないことを知っています。その人を理解するもしないも、最後は人間性です。人としての中身です」

そして、「日本語でしゃべりましょう。私の日本語がさび付かないように」とちゃめっ気たっぷりに付け加えました。

国境線で区切られた「国」と、そこに住む「人」とは、似て非なるものであると身をもって教えてくださったのは、この先生です。現在、韓国と日本の関係性が揺れています。しかし、そのようなことはお構いなしに、八十歳も半ばを過ぎた先生は、時折、私に楽しいメールや手紙を送ってきます。

この一人の韓国人恩師から、私は韓国について学び、共感し、敬意を持つに至りました。月日がたつにつれて、恩師に恵まれた幸いをしみじみかみしめています。

72　教皇フランシスコの訪日に思うこと

教皇フランシスコが、今年十一月二十三日から二十六日まで日本を訪問されます。心から歓迎するとともに、実り多い訪日となられますようお祈りいたします。

今から二十年近く前、ある観光地のカトリック教会を訪ねました。ミサに参加しようと教会の入り口に向かうと、注意勧告がドアの横に貼ってありました。その主旨は、興味本位の観光客をなるべくミサに参加させないようにする内容で、併せて離婚者に対する心ない注意書きも含まれていました。

ミサ中の聖体拝領時には、教会の方々が大声で「カトリックの洗礼を受けていない人はここに並んではいけません」と言って回ります。司祭から祝福を受けたいと思っていた私の友人は、排他的な教会の雰囲気にうんざりして、途中退席しました。教会とは、規律を厳守する場なのか、心の安らぎを与える場なのか、全く分からなくなるような経験でした。

教皇フランシスコは、教皇に選出されて初めてのあいさつの中で、すべての教会を愛で統《す》べる、と述べています。そして、優しい愛情をもって人類全体、特に最も貧しい人々や弱い人々、重要でないと思われている人々をその腕に包み込んで守らなければならないとも説いています。

キリストを知るきっかけはどこにあるか、それは誰にも分かりません。苦悩の時か、孤独の時か、あるいは観光地で立ち寄った教会か。ただ確かなことは、キリストはどんな人にも常に扉を開けていますし、人間の善意を信じ切っておられるということです。

教皇フランシスコは、「神はつねにわたしたちに先立っておられます。神はいつも驚かせてくださいます」と言われます。※ 人間の理解をはるかに超えた神のなさることは、計り知れないどころか、私たちに驚きの連続を与えるものなのですね。そんな懐が深く、間口の広い教会に、世界中の教会が生まれ変わっていくことを願いながら、十一月二十三日を待っています。

※二〇一九年三月六日一般謁見演説。カトリック中央協議会のサイト（https://www.cbcj.catholic.jp/2019/03/06/19008/）参照。

73　お待たせばかりの待降節

今年もまた待降節の季節が巡ってきました。日々の生活の中で、何かを待ちわびる、しかも根気強く待つような経験がいくつあるでしょうか？　何事もスピード勝負で、早く結果が出ることを求める時代です。

私は教育に携わる仕事をしています。人の成長を見守り、その人の可能性を信じて、じっと待つことの多い仕事です。私がしなくてはならないことの一つは、その人の持っている生命の方向性を感じ取ることです。そのためには、その人自身にどのような可能性が与えられ、何を使命とするのかを、共に探し求めることが必要です。天から与えられた「その人ならではの何か」を、若者たちは知りたいと熱望しています。その傍らに居ること、根気強く「何かを示してください」と願い続けることが、私が普段していることです。

しかし、この行いには、根気が求められます。気長でなくては、なかなか続きません。なぜならば、その費やす時間のほとんどが「信じて待つ」ことだからです。助言もアドバイスも、しょせんは一時的な関係の交差でしかありません。結局は、当事者本人が悩み、考え、覚悟するしかないのです。こちらは信じて待つしか、手立てはありません。

待降節はキリストの誕生を、喜びのうちに待つ季節です。では、キリストは何を私たちに対して願い、そして待ってくださっているのでしょうか？

無条件の愛の中で、キリストは天から与えられた素晴らしいプレゼントです。同時に、私たちの中にキリストが生まれ育っていると確信をもって言えるでしょうか。それをもう一度確認し、心を改める季節が、私にとっての待降節のような気がします。待っているのは私たちだけではなく、私たちもまたキリストをお待たせしているのではないかと思うのです。

74　確固たる決意は「私」から始まる

二〇一九年の十一月に訪日された教皇フランシスコは、行く先々でたくさんのメッセージを残されました。その中でも長崎で語られた核兵器廃絶への思いは、私の心に今も深く残っています。

現在の国際社会の多くが一見平和と思い込んでいるものは、「恐怖と相互不信を土台とした偽りの確かさの上に」築かれつつあるのだと、教皇様は、はっきりと断言されました。非現実的だ、核の抑止力は必要だ、安全保障をどう考えるのだ——など、外野席から冷やかしの声が上がってくることでしょう。しかし、人類の殺戮は許されないし、その状態をたやすく生み出せる核兵器もまた許されてはなりません。

私たちは、どれほど真剣にこの問題に向き合っているのでしょうか。「核兵器は許されるべきものではないが、実際には所有している国もあるし、それを破棄させることなんてできるのだろうか」と頭の中で考えてしまうのではないでしょうか。

それでは何も解決しません。現状維持どころか、不信感に突き動かされる人間が増えるばかりです。「相互不信」を「相互信頼」に変えるには、どうしたらいいのか。「恐怖」を「安心」に転換するには、私たちは何をすればいいのか。このような価値観の大逆転には、少しばかりの勇気と、理想を現実に変える意志が必要です。そしてそれをやってみようと思う人々が少しでも多ければ、やがてはそれが世界の共通の価値観になっていきます。

自分自身が、その一人になる覚悟があるかどうか。それが一番問われていることだと思います。世界は、数多くの国や地域が集まってできています。国や地域を形成しているのは、そこに生きる人々です。そこに生きる人とは、つまるところ、私たち一人一人なのです。核兵器廃絶への願いは、一人一人の中に存在する「私」の願いから始まるのです。

75　回心への旅

今月末（二月二十六日）の「灰の水曜日」から典礼暦は四旬節に入ります。クリスマスをお祝いしたかと思うと、もうご復活に向けての準備です。幼い頃、額に灰で十字架を印していただくと、恥ずかしいような誇らしいような複雑な気持ちでした。それも今となっては懐かしい思い出です。

「灰の水曜日」から始まる四旬節は、特に自分の心を顧みて、「回心」を促す時期と聞いています。回心と言えば、使徒パウロをすぐに思い浮かべます。自らの考え方や行動が、大きくぐるりと変化し、展開するような体験を、パウロの回心は象徴しています。

自分で正しいと思っていること、自分にとっての正義、自分の生き方であると信じて疑わない価値観。人にはそれぞれ大切にしている、あるいはこだわっている行動の基準があります。自分で大切に思っているからこそ、人にもそれを求めがちです。少し柔軟に受け止めて、少しでも相手に譲ることができれば、案外うまくいくことが多いのですが、頑固で偏狭な場合は、思わぬトラブルを生むことがあります。

「人間塾」に集う若者たちには、「相手に軸を譲れるか」とよく問い掛けています。人の立場を思い、その人の幸せを願い、自分がそのためにどのような道具になれるかを考えるとき、おのずと「軸」は自分から離れ、相手の心の中心に移る。「軸」を譲ることもまた、回心の一つであると思うのです。

人間の救いと幸せのために、自らの「軸」を譲り渡して、人間の持つ潜在的な愛を信じ切ったのがイエスの生き方です。人間は大切にされ、期待され、愛されていれば、そのような姿で生きるようになるのです。それは、私たちに与えられた回心のチャンスです。

小さな気付きから、大きな行動の変化まで、どこで回心が待っているかは分かりません。額の灰の十字架は、四十日間の〝回心旅行〟の始まりの印です。お互いに良い旅を！

76　エコロジーを生きる

早春の三月、今年も暖冬のせいで桜の開花が早いと予想が出ています。毎年四月の入学式には葉桜になっていて少々残念に思います。少しずつではありますが、季節の移ろいにズレが生じているように感じます。

昨年のフランシスコ教皇の来日以来、「総合的エコロジー」という言葉に込められた強いメッセージが胸に残っています。教皇様は、自然環境だけでなく人間環境も含めて「エコロジー」、すなわち「すべての事柄が連動し合う生態」と表現されました。自分の好悪に関係なく、世界中の望ましくない事柄や悲しむべき事柄すべてを、「他人事」ではなく「自分の事」として受け止めているか、とのチャレンジだったと思います。

「見捨ててはいけない」と分かっていながら見捨てている。「諦めてはダメだ」と知っているのに諦めている。そんな人間の弱さを正面から突かれ、今もその痛みが胸に残ります。

四月に満開の桜を見なくなったのを、「暖冬だから仕方がないですね」と済ませてよいのでしょうか。口から入るものは私たちの命を養い、自然の中に息づくものは私たちと共に地球をつくっています。すべては与えられたものばかり。その乱用を僭越《せんえつ》（思い上がり）とも思わず、厚顔無恥に当たり前と思っている私たち。

エコロジーと聞くと、すぐに自然環境を思い浮かべますが、教皇様のメッセージには人間関係も含まれています。「自分さえよければいい」という考え方に一人が傾くと、その自己中心的な思いは隣人にも波及していきます。一方、忘れられた人や貧しい人、隅っこに追いやられている人に手を差し伸べる人が一人でも増えたら、これもまた社会を変え、世界を変えていくでしょう。

四月はご復活のお祝いがある月です。私たちを取り巻くすべての命が新しい息吹を受けて、再びのびやかに生きていけるように、「エコロジー」を考えたいと思います。すべてはつながっており、作用し合い、支え合っているのですから。

77 〝当たり前〟であることを祈る

読者の皆様、お変わりなくご復活の季節を迎えられましたでしょうか。新型コロナウイルスの感染拡大を少しでも防ごうと、全国の教会において公開ミサの中止が続きました。今もなお、警戒態勢の維持が求められる中で、〝当たり前〟の日常がなんと有り難いことなのかをつくづく思い知らされています。

イタリアに在住の友人は、折に触れて現地の様子を、電子メールで知らせてくれました。友人も私も、何もできない中で、互いに交わす言葉は「祈ってください」「祈っていますよ」でした。自分では健康を害さないように注意深く生活しているつもりでも、何が十分か分かりません。何もできない自分をもどかしく思いながらも、祈ることだけは許されていました。そして、祈ることを知っており、祈ることが残されている幸いに気付きました。

今年の四旬節は、「真の回心とは何か」と、心に迫られる期間でした。自分さえよければいいという欲に扇動されれば、物の買い占めや転売に走るのが人間の弱さです。

アジア地域から感染が始まったというだけで、アジア人への心無い差別や暴力をも生んでいます。それが私たちの生きている現実の世界です。

いかなる宗教を信奉していても、「自分さえよければいい」という欲望は、強い〝布教力〟を持つものです。そのような現象に振り回されず、また愚かなうわさや偏見に耳を貸すことなく、「今、ここで」最も必要なことは何かを考えて実行する力。この力こそ回心の証しです。

今回の新型コロナウイルス感染拡大という現象に対して、その解決に日夜努力し続けている世界中のすべての医療関係者、医薬品の開発研究者、生活必需品の生産に関わる人々、諸々の物資運搬者、検疫や通関の関係者、高齢者介護の従事者、保育関係者、行政や外交の関係者……、（枚挙にいとまもありませんが）私たちの生活を支え続けてくださるありとあらゆる立場の皆さんに、心からの感謝と敬意をもって御礼申し上げます。ありがとうございます。

78 いのち以外に今、大切なものがあるのか

新型コロナウイルス感染症に対して、さまざまな場所と役割において働いてくださる皆さま、心から感謝を申し上げます。一つ一つの心配が伴う出来事に、真摯に向き合ってくださっているすべての方々にもお礼を申し上げます。ありがとうございます。

全国に対して緊急事態宣言が発出されて以来、私たちの生活は、大きく変化してしまいました。ソーシャル・ディスタンシング(社会的距離を取ること)に留意しながらも、今だからこそ人と人との結び付きが大切であると実感します。自分にできることは何かを探しているのは、私だけではないでしょう。多くの人々が、他者の不安や苦しみ、寂しさや心細さに対して、元気づけたいと願っています。

ある経済の専門家は、今回の世界的危機を前に、「マネーゲームに右往左往し、経済至上主義に傾倒することを止《や》めなくてはならない」とある報道番組で語っていました。そして、人間の持つ技術や知恵を磨き、コンピューターやロボットに振り回されるのではなく、それらを賢く使いこなすべきだ、と。「ロボットは人間の苦しみや死

を前にして涙は流しませんよ」と言われたことが、強く心に残っています。

愛とゆるしの存在である神が、私たちを苦しめるために故意に厳罰を与えるはずがありません。しかし、私たちには悩みながらも、より良い方を選択する自由と義務が与えられています。これらは神様からのこの上ない贈り物です。冷静な頭で客観的に考え、温かい心で思いやりを忘れず、目先の事柄に惑わされるのではなく、自分にできることを、またこの良心にかなうことを、誠実に実践する。

一人では何もできない弱い私も、友と共に、心を合わせて、この困難を乗り越えていきたいと思います。皆さま、祈りで結ばれながら、共に歩きましょう。マリア様におささげする五月に寄せて、お願い申し上げます。

79　新型ウイルスとの闘い――誠実

今回のコロナ禍で、日本は都市のロックダウン（封鎖措置）はおろか、許可のない外出や移動に対して厳しい法的措置を与えるようなこともしていません。しかし、新型コロナウイルス感染の第一波は落ち着いてきたように見えます。人々の団結力や、一日も早く社会生活を円滑に行いたいと願う熱意と努力の賜物であると思います。

専門家の方々からは、秋以降の第二波、第三波に警戒するようにと注意を頂いています。油断大敵。今までの緊張感ある暮らし、自分にできることを精いっぱい行っていく日々を、続けなくてはならないでしょう。

一方で、自暴自棄な行動や自己本位な言動も見受けられます。そして何よりも嫌な気持ちにさせるのが、人々への心ない差別や中傷です。中には器物損壊や暴力にまで発展する場合があります。自己の正義を振りかざす前に、「この人はなぜこの行動を取っているのか」と想像力を働かせ、思い巡らしてみる必要があります。そうした自己本位で生きている人ばかりではありません。自らの責務を果たしている人もおられます。仕事などのため、やむにやまれず移動を求められている人もいることでしょう。

先日、アルベール・カミュの『ペスト』を読みました。ペストによって封鎖された街の中で繰り広げられる人間の心理葛藤を描いた名作です。そして、カミュはどのような状況にあっても「誠実」であることが最も大切だと教えてくれます。「誠実」であること……。自分に与えられた役割を精いっぱい生きること。自らの命を大切にするがごとく、他者の大切な命に向き合うこと。

言うは易《やす》く行うは難《かた》し。コロナの第一波の後に、私たちの生き方が根本から問われています。「誠実」さを尽くして生き続けるのか。あるいは「自分だけは大丈夫」という幻想を追うのか。私たちは自由です。しかし、ここで与えられているのは、責任を伴う自由であることを忘れてはいけないと思います。皆さま、くれぐれもお気を付けてお過ごしください。

80　出会いが吹かせる風

二月二十六日は「灰の水曜日」でした。東京のカトリック麹町（聖イグナチオ）教会にいた私は、しばらくの間、教会でのミサには参加できないことを知らされました。その後、しばらくして、各地でインターネットを活用したミサ中継が始まりました。

私は主に、東京大司教区のミサ中継を視聴していますが、いろいろな発見があり、とても楽しみにしています。一番良かったのは、聞き逃した箇所などを、何度でも視聴できること。そして、説教に字幕が付いているので、大変よく理解できることです。

これらは、教会関係者の方々や、インターネット配信の技術を駆使してくださっている方々のおかげであると、深く感謝申し上げます。併せて、六月下旬から教会活動が徐々に再開されています。「三密」（密閉・密集・密接）を避けながら、互いの感染拡大に十分注意するのはもちろんですが、やはり、じかに人々が出会うことを渇望している人は多いと思います。

学生時代に、ヘブライ語のルーアッハは「神の息吹」という意味がある、と習ったことがあります。ルーアッハは「風」という意味もあるそうです。風……、それは人や物事の間を空気が動くことによって、刷新をもたらすものです。人間同士が直接出会うと、文字通り、空気が動きます。久しぶりの再会は、新しい風をもたらし、今までの「当たり前」を根本から感謝し直す機会です。

私もこの数カ月、テレワークをしながらも、同時に人と人が直接出会うことの大切さにも気付かされました。真の出会いには、ルーアッハ、つまり神の息吹が直接的に流れているからかもしれません。人の間に生まれる「風」の懐かしさ、優しさ、そして生きているという実感。まだまだたくさんの人々には会えない状況が続きますが、ルーアッハを招き入れたくて、今日も窓を開けて換気し続けています。皆さまもくれぐれもお大事に。

81　生前の行いと死後の遺志

一九〇二年に亡くなったイギリス人のセシル・ローズをご存じですか？　南アフリカでダイヤモンドを掘り当てて大金持ちになりました。そして、政界にも進出し一八九〇年にかの地で首相にまで上りつめます。ローズの生きた時代は帝国主義、植民地政策、人種差別が背景にありました。ローズもそのような時代の流れを巧みに利用しながら、経済界で成功したものと思われます。

四十八歳で亡くなり、彼の膨大な遺産の大半がオックスフォード大学に寄贈され、ローズ奨学金として運用されてきました。多くの優秀な人材を輩出し、現在もこの奨学金を受けた学生たちが世界中から集まり、学ぶ機会を得ています。

しかし、アメリカで起こった人種差別的な事件を発端に、オックスフォード大学はローズの銅像を撤去することを決めたそうです。ローズもまた人種差別的な考えを持っていたという理由から。

私は、このニュースに触れて大きな違和感を覚えました。十九世紀後半、ローズの生きた時代には、確かに現在の私たちから見れば非人道的な考え方や出来事が数多くあったと思います。歴史から学ばなくてはならないことが確かに存在しています。

しかし、ローズの死後百二十年近くたった今でも、学問を志す若者たちをこの奨学金は支援し続けています。遺産を教育のために使ってほしいと望んだのはこのローズであり、世界最古の国際的な奨学金制度となったのです。

悪の色に染まった布は、善によって色が薄まることはないのでしょうか。色の変化も許されないのでしょうか。ローズ奨学金を得て、人種差別撤廃の実践家や、国際友好の専門家が育つならば、ローズは喜ぶのではないでしょうか。銅像を撤去したところで、現在の憎しみや不条理の解決にはなりません。

今ここに生きている私たちは、何を善とし、何を不正義とするのでしょうか。建造物を破壊することに、その答えがないことだけは確かです。

82　手抜きさせない想像力

第八代国連難民高等弁務官（一九九一～二〇〇〇年）として活躍された緒方貞子さんが、「緒方さんの行動の根にあるものは何ですか？」と問われた時の回答が、私の心に強く残っています。それは次のようなものでした。

「……見てしまったからには、何かをしないとならないでしょう？　したくなるでしょう？　理屈ではないのです。自分に何ができるのか。できることに限りはあるけれど、できることから始めよう。……」（『聞き書　緒方貞子回顧録』岩波書店、二〇一五年、二五〇頁）

まさにその通りだと思います。知ってしまったら、「知らなかった時」には戻れません。見てしまったのに、何も行動を起こさないのは、ただの無知でいるよりも重いことです。自分の中で知らないふりをして、無視を決め込んでも、自分の記憶にはしっかりと刻み込まれます。「自分一人くらい怠けたって大丈夫、あとの誰かが自分の穴埋めをやってくれるだろう」ではダメなのです。

社会心理学の分野で「社会的手抜き」と呼ばれる現象があります。複数で共同作業を行う際、参加人数の増加に伴って、一人当たりの力の出し具合が低下することをいいます。

例えば、自分一人だけで誰かと綱引きをする場合、百の力を自分が出しているとします。しかし、集団で大勢の人と共に綱引きをする場合は、自分なりに頑張っているつもりでも百より少ない力しか出していないのです。無意識に人に頼って全力を出さなくなる、一種の社会的怠惰です。

「自分一人ぐらいまあいいや」「自分がわざわざしなくても誰かがしてくれる」という誘惑が、あちこちに散見されます。しかし、緒方さんの言葉は、「人間を大切にする」という当たり前の感覚を呼び起こすものです。目の前に居る人を大切にする。隣に居る人を大切にする。地球の裏側の会ったこともない人を大切にする。想像力と隣人愛を持った人間だから、こんなことができるのです。今の困難な状況が一日も早く収束することを祈りながら……。

83　私の中のトマス

先日の研修会で、「人間塾」の学生たちが自分の課題について語り合いました。課題は人それぞれ異なっています。「自分に自信がない」「人と比べてしまう」「積極性が欲しい」「頭で考えてばかりで行動に移せない」など、さまざまな内容ですが、皆、真剣に悩んでいます。

その時、ある学生が「納得したい」という思いを捨てられない、と言いました。何に対しても納得できる答えが得られるまで追求してしまう、と言うのです。私は、ヨハネ福音書第二十章二十四節―二十九節の「イエスとトマス」の場面を思い出しました。

トマスは復活したキリストが他の弟子の前に現れたことを聞いて、「……この手を（キリストの）そのわき腹に入れてみなければ、わたしは決して信じない」と言います。まず復活した証拠を見せろというわけです。そして、それを自分が体験し確認するまでは信じないと宣言するのです。そこにキリストが再び現れて、「信じない者ではなく、信じる者になりなさい」とトマスを諭します。

この世界を〝納得中心主義〟で生きようとするならば、それはほとんど不可能だと思います。すべての現象に証拠を求めても、そう簡単にはいきません。特に人間関係において、絆や友情は納得という分野にはなじみません。愛や思いやりも、「その証拠を示せ」と言われれば、たちまち愛ではなくなってしまいます。

生きていること自体、信じることの連続です。「なぜこの命を与えられたのか？」と考えに考えた結果、この命には意味がある、と信じることしかできません。残念ながら、万人に納得してもらえるような証拠もないのです。ただ、見えないものを見、聞こえないものを聞こうとする姿勢が求められます。

この社会にはたくさんの「トマス」が存在しています。私もその一人です。この手を「傷跡」に入れなくても、その痛みと苦しみ、思いやりと愛を受け止められる人間になりたいと思います。理屈や客観的確証を超えた「信じる」ための勇気を与えてくださいと願いながら……。

84 「真実の生」を探して

コロナ禍の中、旅行もままならない日々が続きますので、思い出深い訪問地の写真を見ながら楽しんでいます。その中で、チェコの古都プラハの凛とした美しさが忘れられず、頭の中で、チェコ旅行を企てました。

その時に出合ったのが、チェコ共和国初代大統領となったヴァーツラフ・ハヴェル氏の『力なき者たちの力』(人文書院)という著書でした。社会主義体制下のチェコスロバキアで地下組織によって出版されたのですが、現在でもその示唆するところは大きいと感じました。

私が最も共感を覚えたのは、政治世界に、愛、信頼、寛容、責任、連帯という新しい価値がもたらされなければならない、というハヴェル氏の主張でした。ハヴェル氏は「真実の生」という言葉を多用します。これは、さまざまな主義主張が声高に叫ぶ「張りぼての見せかけ」に乗せられる「偽の生」ではなく、人生の意味を探求し、人間としての内実と格闘することである、と理解しました。

今回のコロナ禍に関して、世界各国の対処の仕方が異なっています。どのような対処法であっても、最も優先されるべき価値は道徳的な実践に基づいているか否かだと思います。自分の「好悪」や「習慣」は二の次です。例えば手指の消毒、マスクの着用、「密」を避けること、などは個人の好みや習慣を優先する領域ではありません。もちろん当事者に特別な理由がある場合は、この限りではありませんが。

自分の命を大切に思うように、隣人の命を大切に思うこと。自分の血縁家族だけでなく、精神的家族として他者を捉えようとすること。このような現実を生きる上での姿勢が問題なのです。ウイルスが跋扈《ばっこ》する中、愛をもって連帯し、互いの責任を自覚し、寛容さをもって乗り越える覚悟が問われます。

想像世界で古都プラハへ旅立ったはずが、知らぬ間に「今、ここに生きる」自分と向き合う〝内面旅行〟になっていました。劇作家でもあったハヴェル氏の面目躍如《めんもくやくじょ》たる瞬間でした。

85　一つの音に込められる思い

東京にあるカトリック麹町（聖イグナチオ）教会では、偶数月の第一金曜の夜「初《はつ》金《きん》の祈りの集い」がありますが、コロナ禍の現在、一時的に自粛されています。この集いでは、結成二十五年の初金聖歌隊が歌で奉仕をされてきました。

長年、この聖歌隊の指導者であり指揮者を務めておられる大内葉子さんと、先日、お目にかかる機会を得ました。宗教音楽の深さ、その歌唱の難しさなど、素人の私にはとても興味深いお話を伺いましたが、一番心に残ったのは、「指揮者はその作曲者の意図をくみ取ることに力を注ぎます」という言葉でした。どのような思いをもってその曲が作られたのか、その詞と曲の組み合わせの意図はどこにあるのかを探っていくのも指揮者の役割です、と言われるのです。

なぜこの箇所は八分音符でなく十六分音符なのか、どうして平坦《へいたん》な旋律の後にリズミカルなメロディーが続くのかなど、私は考えたこともありませんでした。大内さんは、すべてに意味があり、それを考え知った上で歌うと、歌が変わりますよ、とおっしゃるのです。

　そのようなお話を伺って、あの有名な「O《オ》 Holy《ホーリー》 Night《ナイト》」の譜面を拝見しました。大内さんが開口一番、この歌は「Oh《オー》, Holy Night」ではなく、始まりは「O」なのですよと指摘され、聖なる夜、唯一の夜だから固有名詞的に扱って「O」なのかもしれませんね、とご説明くださいました。私にも、「O」には「h」の入る余地もないほど息をのむような、神聖な夜の緊迫感を表現しているのではないかと思えてきました（勝手な想像ですが）。

　コロナ禍の心配はしばらく続きますが、今こそ心の余裕を少し取り戻せたらと願います。クリスマス・シーズンはキリストの誕生をお祝いする季節です。当たり前のように感じていたことを前に、しばし立ち止まって、その根本的な意味を再発見できますように。そして、今まで見えなかったもの、聞こえなかったことに出合えるようにと祈ります。メリー・クリスマス。

86 ホームの半そでシャツ

新年明けましておめでとうございます。読者の皆様におかれましては、お変わりございませんか。二〇二一年こそは、安心で安全な一年となりますよう、心からお祈り申し上げます。

先日、最寄り駅から地下鉄に乗りました。朝から寒い日でした。人はまばらで、ホームは閑散としていました。私の目に一人の半そで姿の人物が飛び込んできました。その人は、ホームのベンチを消毒しながら丁寧に拭き上げている清掃員の方でした。

その人の横を通る時に、「ありがとうございます」と声を掛けました。思わず口から出た言葉でした。その人の働きが、仕事に向かう姿勢が、私にそう言わせたのだと思いました。するとその清掃員の方は、手を止めてこちらに向き直り、「いいえ」と一言。一瞬ニコッと笑って、そしてすぐにまた手を動かし始めました。

動き回る仕事だから半そでシャツを着ていたのでしょう。寒さをものともしない手際の良さから、乗客の多い少ないに関係なく、仕事への責任感が伝わってきました。「すごいな」と思いました。私がその役割を担っていたら、手抜きをしたり、適当にやり過ごしたりするだろうな、と反省しました。

そうこうしているうちに電車が入ってきました。乗車して、ガラス越しにその人を探しました。しかし、もうそのホームに、その人はいませんでした。

この世界の土台は、自分の役割を、そして人生を地道にコツコツと生きている人たちによって支えられています。一握りの表舞台に立つ人たちだけでは、世界は動いていきません。幼い子どもも、年齢を重ねてきた人々も、すべての存在が集まってこの社会をつくっているからです。

本当の幸せ、本当の平和、本当の愛を分かち合っていけるように、皆で一緒に祈れたら素晴らしいと思います。私も、人に誠実さを持って、骨惜しみしない心で、今年も良い一年にしていきたいと思います。どうぞよろしくお願い申し上げます。

87　人間の命を互いに守るために

一九三七年に刊行されたカレル・チャペックの『白い病』という本を読んだのは、昨年の九月でした。ある軍事国家に「白い病」と呼ばれる疫病が大流行し、その特効薬を名もない町医者が発見します。そして国家に対して薬が欲しいならば戦争をやめて恒久平和を誓ってほしいと迫るのです。国家の首脳たちはその要求をのむことができずに、病気はまん延し、国民は臨戦態勢になっていきます。

この町医者は、人の命を差別することなく救うことを身上とし、同時に、戦争には断固として反対の姿勢を持つことも彼自身の義務であると確信しています。「あらゆる命を救うべきだ」という義務と、「命を奪う原因になる戦争には断固反対する」という義務のはざまで、この物語は読者に矛盾や不安を与え続けます。町医者は特効薬を盾に政治介入する静かなる脅迫者です。しかし、彼は自らの正義と義務に誠実に生きようとしているだけなのです。

私はこの物語を読んで、国家が国民の生命を管理する社会は良い面もあるが、本当に成熟した国民を育てるのだろうかと疑問に感じました。ワクチン接種や薬の開発、また日ごろの医療活動に従事する方々へのねぎらいと感謝を忘れる時はありません。同時に、国や行政の指導を、私たちが待っているだけの姿勢で良いのでしょうか。

有事においてだけでなく、常に私たちは倫理が問われ、その現れとして行動が求められます。国が「緊急事態宣言」を出したから自粛する、行政指導を守るのは不本意だが一応従う、というのではあまりに幼稚に感じます。神が私たちに与えた「判断する能力」は駆使されることなく、ほこりをかぶるのでしょうか。

私たちは、この社会をつくる一人一人であると同時に、意思を持った存在です。基本的に自由な存在であり、同時に責任を負っている存在なのです。専門家の方々の不断の努力に感謝しつつ、「私」自身がこの目に見えない病と対峙し、賢明な選択と判断ができますように。常に善意をもって、互いを守り合うことができますように。心から祈り続けます。

88 「自粛」という長い四旬節

今年は、二月十七日(灰の水曜日)から四旬節が始まりましたが、いかがお過ごしでしょうか?

四旬節の間は、お祈りを忘れず、節制した生活、そして人への気遣いを心に留めて過ごしなさいと、学生時代に教えられました。高校生の日々を懐かしく思い出し、襟を正す毎日です。

新型コロナウイルス感染症拡大防止のために、「自粛」という言葉が日々の生活の中で語られるようになって、すでに一年以上がたちます。今後もしばらくの間は「自粛」生活が続くことでしょう。

しかし、よく考えてみますと、この「自粛」こそが四旬節の大切な心掛けのように思います。この時期、改めて四旬節の意味を味わいながら生活したいと思いますが、同時にこの一年は、すでに四旬節の精神を問われてきたような気がするのです。

それは何よりも、我慢や忍耐を要求されます。また自分の楽しみよりも、人の安心や安全を優先します。そしてこのような状況が一日も早く収束することをひたすらに祈ります。四旬節の心掛けを、私たちはすでに一年以上も続けてきたわけです。ただ、食生活の方は？……〝コロナ太り〟という言葉もあるくらいですので、気持ちを少々引き締めなくてはなりません。

今年の四旬節は、復活祭前の四月一日（主の晩さんの夕べのミサの前）に終了します。すなわち、私たちがキリストの生き方に学び、その教えの真実を受け入れ、キリストの価値観において日々を生きる決心を更新する日まで、四旬節は続くのです。そのために、自分の心を見つめ直し、生活を振り返り、何よりも神と自分の関係を新たにすることが求められます。いわば、「生まれ直し」のための準備が四旬節だと思うのです。

四旬節の先には、新しい命を祝する「復活」が待っています。コロナ禍の中の「自粛」という長い〝四旬節〟の先にも、命を与えられたことを共に感謝し喜び合う時が待っているはずです。それまで、できることをコツコツと続けていきたいものです。その先には必ず「再生」という希望が開けることを信じながら。

89　シャロームの復活

ご復活、おめでとうございます。

先日、私はとても摂理的な体験をしました。この一年ほど、私は明治三十年代から始まった瀬戸内海の離島における宣教の歴史を調べています。米国のバプテスト派教会で資金が集められ、瀬戸内海伝道のために「福音丸」という一隻の船が寄贈されました。明治三十二年（一八九九年）、この船に乗り込んで、自ら船長兼宣教師として活躍したのがルーク・ビッケルという人物です。

約二十年に及ぶビッケル船長の宣教の実りは、三百人以上の洗礼、数多くの求道者、四千人以上の教会学校で学ぶ生徒たちの中に現れています。因習の色濃い当時の瀬戸内の島々において、キリスト教を伝え、信仰に導くというのは並大抵のことではなかったと思います。

このバイタリティーあふれるビッケル船長の写真などが残っていないかと探してみました。すると、米国テキサス州にある南メソジスト大学神学部の図書館に、彼を写したガラス製スライドが保管されていることが分かりました。

南メソジスト大学……、どこかで聞いた覚えがありました。四十年近く前のことですが、私が大学生だった頃に教えを受けたフィリピン人の先生を思い出しました。日本の大学で哲学を教えておられましたが、現在はテキサス州の大学におられるとの風のうわさ。早速調べてみると、南メソジスト大学神学部の教授をしておられることが分かったのです。

ビッケル船長の写真を探してたどり着いた場所に、尊敬する先生がおられたのです。なんという偶然でしょうか（もちろんすぐにメールを送りました）。

この先生が作られた歌を、学生時代に仲間たちとよく歌いました。タイトルは、ヘブライ語で平和という意味の「シャローム」。プロテスタント宣教の歴史を学ぶうちに、かつての先生との関わりが復活し、忘れていた純粋な気持ちが再び呼吸し始めました。

シャローム！　皆様の心に平和が訪れますように。

90 「人さま」に向き合う

再び新型コロナウイルス感染拡大への懸念が出ております。昨年、そして今年と、私の周囲にもいろいろな変化が出てきています。一番大きな変化は、人と対面で会う機会が少なくなったこと。その結果として、その人を知ろうとする意識、積極的に気に留めるという気持ちが、人々の間で希薄になっていることです。

必要以上に人の目を気にするのは、大変窮屈なことですので、推奨はしません。しかし、誰かがどこかで見ているという感覚は大切だと思います。

幼い頃は、「そんなことをしたら、人さまに笑われますよ」と言われたものでした。子ども心に「人って誰？」と反発心から質問をし、さらに叱られるという悪循環。しかし、よく考えますと、具体的な実在の人物というよりは、私の心の中にある善意や正義を、「人さま」と表現していたように思います。良心の呵責《かしゃく》とか、道徳的な感覚とでもいうのでしょうか。

このような感覚は、文字通り、人の表情や言動に直接触れることで育つと思います。

私もオンラインでの講義や面談を半年以上続けたことがありますが、情報伝達には困りませんでした。しかし、互いの心の深みを感じ取ることは容易ではありませんでした。その結果、表面的な関わりはできましたが、他者への共感は十分には育たなかったと思います。

コロナ禍が深刻になる中で、「人さま」が見ていることなどお構いなしの行動を取る人も出てきています。医療従事者、高齢者、持病を持つ人々などの苦労や不安を、共感を持ってみるならば、無分別な行動はおのずと控えるだろうと思うのは、甘い考えなのでしょうか。

結局、コロナ禍を乗り越えるのは、後にも先にも自分の中にいる「人さま」との対峙のような気がするのです。それは自分との闘いです。今度ばかりは、この闘いには勝利せねばなりません。

91　想像力をかき立てる練習

私は普段、人間塾で大学生たちと関わる仕事をしていますが、もう一つ手伝っている業務があります。それは、私の地元である兵庫県尼崎市の文化芸術の振興に関わる仕事です。音響が素晴らしいと高い評価を受けている劇場をはじめ、美術ホール、文化教室、ＦＭラジオ局などを運営しています。しかし、長引くコロナ禍の中、上記の施設の多くは苦戦を強いられています。

その中にあって元気な文化媒体はラジオです。このご時世、ラジオを聴く機会が増えたと言ってくださる方がたくさんおられます。外出を控え、テレビやビデオにも飽きてしまった時、手を動かしながら聞けるのがラジオだからでしょうか。またラジオは言葉や音楽だけを伝える媒体ですので、映像のあるテレビやビデオよりも想像力が求められます。

私が関わっているある番組※は、就寝前の二十三時半から三十分間の放送です。この番組で特に評判が良いのは、詩の朗読です。パーソナリティー（ラジオのＤＪ）がゆっくりと詩を読み、その後、少し解説をします。そしてもう一度ゆっくりとその詩を朗読する。不思議と、就寝前の静寂の中で、詩の世界の情景が頭の中にじわーっと広がっていきます。これがなんとも心地よいのです。

今から五十年以上前、私は、カトリック尼崎教会に通っていました。クラスの同級生ご一家が、毎日曜日、私を教会に連れて行ってくださったのです。ミサの後、日曜学校があり、そこで聖書の読み聞かせをしてもらっていました。頭の中に聖書の世界が広がっていき、見たこともない二千年前の人々の生活を想像して、ドキドキわくわくした記憶があります。

自分で読むのもよし、人が読み聞かせてくれるのもよし。文字と音の世界に身を浸しながら、想像の世界へ旅してみてはいかがでしょうか。想像力は人の心の柔軟剤です。自分以外の存在の苦しみや悲しみ、喜びを共に分かち合うためには、必須のアイテム（道具）だと思うのです。

※番組は、かつてエフエムあまがさきで放送されていたが、現在は終了している。

92　メディアと知性

　コロナ禍の収束がまだ不透明な昨今です。ワクチンの接種が進んできておりますが、皆さま、お変わりございませんか。この数カ月、コロナ関係のテレビ番組やインターネット情報を見ていて、違和感を覚えることが多くありました。

　それはやたらと不安をあおる情報が多いということです。私は、分からないことがあると、かかりつけの医者に質問をします。するときちんと回答を与えてくれ、必要以上に心配しなくてすむのです。

　マスメディアが流す情報は、正しいものも含まれています。しかし一方で、その情報が不正確だったり、まれな事例が大多数の人に当てはまるかのように紹介されていたりする場合があります。いわば、視聴者の目を引くような大げさで過激な話題が提供され、私たちはそれに振り回される可能性があるのです。

　いつ頃から、私たちはマスメディアの情報に頼るようになったのでしょうか。今や情報のやり取りが、経済に大きな影響を与えるようになっています。そこに付随して生まれるのは視聴率や購読数などの数量的な戦いです。

毎日、テレビを見ていても、情報戦争のように感じます。いち早く、衝撃的な話題を提供する。そこには、人権への配慮のないものも存在します。

私たちが神から与えられた素晴らしい賜物の一つは、「知性」です。物事をよく観察し、感じ取り、判断し、実行するためには、知性を使わなくてはなりません。自分の専門とは違っていたり、知らないこともたくさん出てきます。その時には、他者の知性に助けてもらうのです。

このようなコロナ禍の中では、人と人の結び付き、助け合いの心が本当に大切です。不正確な情報に乗せられるのではなく、「今、何が一番必要で正確な情報なのか」を、皆の知恵を出し合って選び取ることです。自己中心的な行動を制御して、他者も自己も共にこのコロナ禍を乗り越えていけますように。

93　若者の未来、私たちの希望

私は人間塾で、大学生を対象に講義を行っています。私の専門分野は発達心理学ですが、毎回毎回、心理学について話しているわけではありません。人間塾は、学生たちが将来、「世のため、人のために、自分の能力や可能性を惜しみなく使って生きる」ことを自らの望みとし、それに向き合う場所です。よって、学生たちには、人生の意味や自分の使命について語ることが多いのです。

しかし先日、学生たちからあるリクエストが出されました。それは、今までの人生を振り返り、これからの生き方をじっくり考えるための講義をしてほしいという内容でした。そこで私は、自分の誕生から現在までのさまざまな出来事を俯瞰《ふかん》する方法を提案しました。

学生たちは、今までの人生における数々の経験を丁寧に振り返りました。楽しかったことや、うれしかったことだけではなく、苦しかったことや悲しかったことにも、正直に向き合いました。そして、それらを書き留めながら、一つ一つの出来事の持つ意味を考え、深めていきました。

互いに感想を分かち合う中で、ある傾向が見えてきました。それは、ほとんどの学生が「つらい経験をしている最中には気が付かなかったが、今振り返るとその出来事があったからこそ、今の自分が存在していることを感じた」と述べたことです。人生の使命を考え始めた若者が、時の経過という助けもあって、否定的な出来事を肯定的な経験として解釈し始めたのです。

ある学生が真面目な顔をして言いました。「たくさんゆるされ、たくさん愛されて生きてきたことが分かりました」と。この言葉は、この学生の成長に関わったすべての人にささげられるべき一言だと思います。愛されていることを自覚した時に、前向きに、果敢に、力強く生き始める若者たち。私たちの未来は、彼らの手の中にあると信じて、私は今日も学生たちと向き合います。

94　パラリンピック・アスリートの矜持《きょうじ》

私が初めて車いすバスケットボールの試合を観戦したのは、一九八二年の秋でした。すでに約四十年前の出来事ですが、日本車いすバスケットボール連盟が任意団体（現在は一般社団法人）として誕生したのが一九七五年と聞きますので、車いすバスケットボールの黎明《れいめい》期であったろうと思います。

初観戦時の私の印象は、率直に述べますと驚きの連続で、「これ何？　格闘技？　シュートも正確、パスも早い！」というものでした。車いすバスケットボールが障がい者スポーツだと言われても、私にはピンときませんでした。むしろ、全く新しい形のスポーツに出合ったような感覚でした。

それ以来、車いすバスケットボールで自由自在にコートの中を走り回る選手の姿や、正確なシュートへのこだわり、頭脳戦と格闘技が混合されたスリル満点のスピード感に、私は魅せられています。

今年、東京で開催されたパラリンピックの競技をいくつかテレビで見ました。何を見ても、私は感動してしまうのです。そして、障がいがあることが、〝マイナスからのスタート〟と思うのは、健常者のおごりだと気付きました。人生のどこかの時点でハンディキャップを背負ったアスリートたちが、その競技において鍛錬し精進してきた姿は、見る者に「つべこべ」言わさない気迫を感じさせます。

可能性の限りに挑戦し続ける選手を見ていて、「神様はこの人々を通じて私に何を語り掛け、問うておられるのか」を考え続けています。……しかし、車いすバスケの選手がシュートを決めると、そんな難しい話はどこへやら、またテレビにくぎ付けです。

思い通りにいかないからとふてくされたり、人に誤解されたからと腹を立てたり……。そんな自分を恥ずかしく思います。こんなことくらいで諦めたらダメだ。もう少し頑張ってみようと、パラリンピックのアスリートたちから、元気をもらいながら、日々、残暑を乗り越えています。

95　月と人間

今年の中秋の名月は満月の時期と重なって、素晴らしい光景でしたが、同時に宇宙の不思議をほうふつとさせる経験でした。月の側から見ると地球はどのような姿なのか、他の惑星からもこの月は見えるのかなど、素人考えでいろいろと思い巡らしていました。

眼前のものを見て、その奥にある深淵《しんえん》を感じ取るには、自らの想像力が必要です。しかし、それと同じく、またはそれ以上に求められるのは、眼前のものが持つ潜在性や秘めたる魅力だと感じました。

私が塾長を務める人間塾には、個性豊かな大学生たちが集ってきます。四月に入塾してきますが、最初はみんな中途半端な粗削りの岩石のようです。学歴重視、経済的成功が人生の目的だと思い込んでいる学生、またコンプレックスに振り回されている学生など、現代の人間社会の縮図を見るようです。

しかし彼らの心の中には、「このままでいいのだろうか。自分は変わるべきではないのか」という思いが駆け巡っています。その思いが心の上層に浮かび上がってきた時に、その思いを目がけて私は彼らの心を外側から突き始めます。「啐啄同時」のごとく、卵の殻の内側と外側を同時に突き合う時、その殻は割れて、新しい「いのち＝自己」が誕生します。これが学生一人一人の「心の殻破り」と成長の歩みになるのです。

人間塾での私の仕事の一つは、眼前にいる学生の具体的な姿を通して、その奥にある潜在性に触れようとアンテナを張り続けることです。その結果、今まで見えなかった学生の姿が浮かび上がってきます。これは、「啐啄」の時を計るためにとても重要なヒントになるのです。

月の姿は絶えず変化しています。月自体が変化しているのではなく、光の当たり方が異なるから浮かび上がる姿も変わるのです。一面だけを見て全体を判断できないのは、人間も同じ。その奥にある深いところに触れようとする努力と勇気。そこから「理解」は始まると思うのです。

96　死者の救い、生者の迷い

一九八五年の夏、飛行機事故で友人川北京子さんを失いました。中学生の頃からの同級生でしたが、一番の思い出は、フィリピンの貧困地区で寝起きを共にした三日間です。現地で貴重だった「水」について真剣に話し合ううちに、ささいなことから大げんかになってしまいました。三十七年近くたった今では、口論の原因を思い出せないのですが、懐かしい思い出の一つです。

京子さんが亡くなった後、ご両親にお目にかかる機会がありました。お父様は勤務先を辞めて、航空安全の研究に没頭されていました。「娘の死の理由は何かを考えています。そこには必ず意味があるはずです」とおっしゃっていました。

膨大なデータを集め、それを詳細に解析し、航空機の安全性について、説得力のある論文を書かれました。アメリカの専門家たちからのお墨付きを得て、当時の運輸省に安全性向上に関して提言されましたが、ほとんど採り入れられなかったと言っておられました。そして、今はすでに娘の京子さんのもとにおられます。

この話を先日、人間塾の塾生たちと分かち合いました。すると一人の塾生が「そのお父さんの無念を思うと、救われなかったのではないかと思う」と率直に、そして悲しそうに言いました。彼がそう思うのももっともです。ご両親の苦しみ、悲しみは、私の想像を超えて、はるかに深く激しいものであったと思います。同時に、お父様の心が救われたかどうかも、私たちには分からないのです。

私たちが亡くなった人の生きた日々に思いをはせ、その人の「生」の意味と向き合い、今生の出会いに感謝することが、逆に私たち自身の救いになるのだと思います。

安全性への敏感さを迷うことなく持ち続けることは、京子さんのお父様の望まれることでしょう。家族への愛と人生の信念を貫いたこの方の人生は、私たちの尺度とは違う物差しで判断され、すでに救いの道へ導かれていると、私は信じています。

97　小さなイエスの教えてくれること

クリスマスの季節になりました。カトリック学校で学んだ私にとって、十二月の思い出はクリスマス・ウィッシング、イブの夜のミサ、その後に頂くシスターたちお手製のビスケットとココア……。クリスマス・ウィッシングとは、受胎告知からイエスの誕生までの物語を歌でつづっていく、全校挙げての大きなお祝いでした。よって、十月にもなると、いずれの教室からも練習の歌声が聞こえてきます。特に高校三年生の時は、全編を通して歌いますので力が入りました。

先日、本棚を整理していると、そのころ使っていたクリスマス用の楽譜がひとまとめで出てきました。あぁ、懐かしい歌の数々。その中に、黄ばんだ譜面が一枚。「O《オ》 Holy《ホーリー》 Night《ナイト》」という曲でした。歌詞を読んでみると、一節の中に、「イエスが現れ、私たちの魂が自らの価値を知るまでは、この世界は長らく罪と過ちでやつれ果てていた。遠いかの地で新しく素晴らしい朝がやってきたことを知り、疲弊した世界は希望に震え、喜び祝った」（筆者意訳）とあります。

コロナ禍で疲弊し、閉塞《へいそく》感の中でもがいていた私たちの世界に向けてのメッセージではないかと、二千年をタイムスリップして不思議な感覚になりました。「カトリック」という言葉は、普遍的という意味だと教わったことがあります。不易《ふえき》流行。時代は移り変わり、社会に変化があっても、その本質はなんら変わらない。疫病（現代では感染症と言われます）は無くなりませんし、それに傷つき苦しむ人間も、いつの世にも存在します。その結果、経済は停滞し、生活は不安定になり、人々は希望を失います。

しかし、クリスマスを前に、考えたいと思います。自分の存在の価値、この社会で人と人がつながって生きていくことの価値を。私たちの人生は価値あるもの、唯一無二のもの。それをこれから生まれてくる小さな存在のイエスは、希望と勇気とたくましさをもって教えてくれる。もう一度この歌を歌ってみようかな……、小さな声で。

98　恩師から学べる幸せ

二〇二二年、「年女」の私は節目の一年を迎えて、今までの来し方を振り返っています。決断を迫られた時や、難しい状況に直面した時のことがさまざま思い出されます。有り難いことに、大きな事故なく過ごしてきましたが、自分では無意識のうちに「自分の力で乗り越えた」と思い込んでいることに気付きました。実はあらかじめ、「考えて判断する」ための種が蒔《ま》かれていたのに、それを忘れて、自分の力を信じる「傲《ごう》慢《まん》な錯覚」に陥っていたのです。

たくさんの種をまいてくださったのは、中学三年生の時の担任の先生です。先生は凛とした雰囲気を持っておられ、なれなれしく近寄ることなどできないような方でした。そして出来の悪い私はよく注意されました。廊下を走ったり、大声で話したり……。おまけに勉強もせず情緒不安定で、ソフトボールだけに情熱を注ぐ劣等生でした。

先生が話された言葉を今もよく思い出します。「親の言うことを、うのみにしてはいけません。自分の頭でまず考えなさい」「相手の目線まで下がってものを見なさい。人が自分に合わせてくれるのを待つのではなく」などは、先生がくださった珠玉の言葉です。

当時十四歳の私に理解できたかどうかは別として。放校処分になりかけた私でしたが、先生の背筋の伸びた生き方に影響を受けていたのは確かです。

先生は誰にでも絶対的に公平で、「内なる愛の人」であることを理解したのは、学校を卒業してからです。四十五年たった今でも困った時は相談に伺います。先生の前では永遠に生徒。そして生徒であり続けられる幸いに感謝します。厳しさの中にある確かな愛は、その人の成長を待ち望み、願い続けることであると、先生に教えていただきました。私もそのような「先生」になれるよう、精いっぱい努力することを今年の目標に掲げました（畏れ多いですが）。

今年もどうぞよろしくお願い申し上げます。

99　復活したキリストのもとへ

昨年十二月、クリスマスを迎える直前に、人生の師を失いました。イエスのご降誕を前にして自らは天に帰られました。この方は、ダニエル・コリンズというイエズス会士です。

ちょうど四十年前にコリンズ師から洗礼を授けていただきました。黙想会で何度もご指導いただき、私が学生だった頃から、精神的成長を導いてくださった方でした。私が留学した米国セントルイス大学は、偶然にもコリンズ師の母校でした。イリノイ州のご実家に戻られる途中、何度かセントルイスをお訪ねくださり、楽しい語らいのひとときを持ちました。

学生時代にご一緒したフィリピン貧困地区の体験学習でのことです。滞在最終日にマニラ湾に沈む美しい夕陽を見ていたら、隣でコリンズ師が「私の親戚がこの海のずっと先で戦死したのです」と言われました。

思い返せば、第二次世界大戦時、日本と連合国との海戦がありました。しかし、コリンズ師は、司祭になられた時、自ら望んで日本への赴任を希望されたと伺っています。そして、日本で奉職し、日本を愛し、多くの日本人の友を得て、私たちを助けてくださいました。

何か言葉を書いてくださいと、サイン帳を差し出すと、必ず「復活したキリストのうちに」と書かれました。なぜ単に「キリストのうちに」ではなく、「復活した（risen《リズン》）」が付いているのか、とうとう聞く機会を失いました。

ミサの最後に司祭が会衆に向けて祝福の十字を切る場面があります。私の覚えている限りでは、コリンズ師は、いつも自分の額、胸、左肩、右肩に十字を切っていました。会衆の私たちと同じように、神様の祝福なしには生きられない存在であると言わんばかりに。

もう一度お目にかかりたかった。いつか会える、どこかで会える、と信じていた自らの愚かさを悔やんでいます。そして届いたのは訃報。今は、感謝の言葉を送り続けることしかできません。コリンズ神父様、ありがとうございました。

100　回勅と運動会

教皇フランシスコの書かれた回勅『兄弟の皆さん』を読んでいます。ページごとに、深く考えさせられています。私自身に、そして地域社会、国際社会に対して、現在の立ち位置をもう一度見つめ直し、そこからの歩き方を修正しなくてはならない、と強く促されていると感じます。そして、このまま放置することはもはや許されないのだ、と切迫した気持ちに駆られます。

この回勅を読んでいると、かつて恩師から教えられた「社会的包摂《ほうせつ》」という言葉が頭の中に浮かんできます。社会のすべての人が、排除されることなく、孤独や孤立から守られ、地域社会の一員として受け入れられ、互いに支え合いながら社会を構成する、という意味だと学びました。

私が小学生の頃（五十年近く前）、特別支援学級と呼ばれるクラスはなく、多様性を持った子どもたちが同じクラスで一緒に育つ環境でした。

六年生の運動会で、クラス対抗リレーが行われました。リレーの参加者はクラス全員です。私のクラスには交通事故で脳に重い障害を持った同級生K君がいました。彼は真っすぐ走れない上に、言葉も話せません。しかし彼もクラスの一員として、リレーに参加しなくてはならないのです。

担任の先生は、走者の順番を自分たちで決めるようにと言いました。話し合いの結果、足の一番早いN君が、K君の手を引いて走ることになりました。K君が走れるように皆で考えることはごく自然なことであり、N君が自ら名乗り出たことも当然のように私たちは思っていました。〝出来る人〟が〝出来ない人〟を助け、それが少しでもうまく機能するように皆で支えることを、特別な事とは思わなかったのです。

「社会的包摂」はいきなり実践できるものではありません。他者を助け、大切にすることには練習が必要です。教皇フランシスコの著された『兄弟の皆さん』はその練習の指南書。指南書のページを繰りながら、K君やN君から学ばせてもらったことに感謝しています。

101　会ったことのない人とつながること

復活祭を迎える四月、新たな出発の時期でもあります。就職や進学で新たな土地へ移り住む人もいることでしょう。私も十八歳の春に親元を離れ、大学進学のために住民票を移したことがあります。四年間だけ東京都民になりましたが、学生生活では多くのことを学びました。卒業と同時に、再び地元に住民票は戻りましたが、あの四年間は、自分を大きく成長させるために必要な年月だったと確信しています。

今年二月二十四日の大国による軍事侵攻は、その対象となった小国から数えきれないほどの避難民を生みました。父や兄弟と引き離され、母や祖母は子どもの手を引いて、故郷を捨てました。砲弾が飛び交う町から大急ぎで脱出し、国境を越えた人々の多くは、行く当てのない難民になりました。親ともはぐれ、たった一人で泣きながら国境を越えた子どもの姿を見たとき、胸がうずき、痛みました。

この小国の人々は、自らの意思で移り住んだのではなく、移動を余儀なくされたのです。故郷へ戻りたくても、それを保証するものは何一つありません。軍事侵攻が止み、故郷へ戻ったとしても、以前の日常とは程遠い現実が待っています。破壊され、荒れ果てた故郷の土地に、この人々は何を植えるのでしょうか。爆撃の穴だらけの学校で、子どもたちは何を学ぶのでしょうか。

自分のこととして考えたとき、身震いし、悪寒が走ります。自分はその小国に生まれなくてよかった、とか、あの大国の国民でなくてほっとした、という考えにとどまってはならないと思います。今の自分に何ができるのかを考えなくてはなりません。侵攻した側も、された側も、皆人間です。そして私も同じ人間です。私の愚かさも、私の痛みも、すべてがこれらの現象の中に存在している。そして、私は本当に無力です。しかし……。

復活されたキリストに心から祈ります。人の身に起きていることを「私のこと」として受け止め、その解決策に一歩でも近づける知恵と勇気を与えてくださいますように。

102　つながっていることの重み

　ここのところ、結婚式にご招待いただく機会が重なりました。誕生の時は相手の存在すら知らなかった者同士が、不思議な縁《えにし》によって出会い結ばれるのは、人の力を超えた何かの働きと感じます。

　披露宴でたまたま隣に座った方と言葉を交わすうちに、共通の友人がいることを発見したり、互いのきょうだいが同窓生だったりと、どこかで「つながっていたんだ」と感じることがあります。そんな「ひょん」なことから、長くお付き合いさせていただいたり、困った時に助けていただいたりすることが、私には数多くありました。

　先日、オーストリアのウィーンに住む友人から連絡が来ました。彼女は日本人と結婚して日本国籍を持っていますが、生まれはチェコのプラハで、現在の住まいはウィーンなのです。私たちは二カ月に一度くらいのペースでメールのやり取りをしています。彼女のメールは、流暢な日本語で書かれ、いつもはユーモアにあふれた内容です。

　しかし、その日のメールは違っていました。いつになく深刻で、冗談も一切ないメールでした。文章の出だしには、「父はウクライナ人でしたの。自分も五十パーセントウクライナ人です。祖父は一九二〇年にボルシェビキ（党派の一つ）の為、ウクライナから亡命した」と書かれていました。

私は言葉を失いました。彼女にこのような背景があったとは夢にも思いませんでした。

この友人を通じて、私はチェコの歴史を学び、「プラハの春」を知りました。そして今度は、日本からはるかに離れたウクライナの現実に、私も「つながっていたんだ」と思わされる瞬間をもらったのです。

破壊の後のがれきを誰が片付け、数え切れない屍《しかばね》をどうやって葬るのでしょうか。心に受けた傷、子どもの脳裏に焼き付けられた記憶を無かったことにすることはできません。元通りにできない無力さ、そしてその罪深さを思う時、私は手を合わせることしかできないのです。人間としてつながっていることだけは忘れないために。

103　見えないものへの祈り

今から数年前のこと、人間塾で「祈り」について話したことがあります。当塾で学んでいる大学生たち（塾生）のほとんどは、受験勉強の時に「神頼み」に行ったことはありますが、「祈り」について考える機会は全くなかったようです。

「祈り」について議論した時、ある塾生がこう言いました。「祈るのは心の弱い人間のすることだ。目に見えないものに対して祈るなんて、ばかげている」と。

私はこの言葉を聞いて、目に見えることだけを信じ、目に見えないものに希望をおけない彼の心の「かたくなさ」に驚きました。この塾生の専攻は造形美術でした。心がギザギザしていた当時の彼の造るものも、どこかギザギザ、ツンツンしていました。

私は説得せず、彼の気付きを待つことにしました。何カ月も過ぎていく中で、彼の変化は徐々に起こりました。彼自身も無意識のうちに「願うことがある」と気付き、周りの人が自分を信じてくれていることを知りました。多くの人の祈りに支えられて今日まで生きてきたことに、やがて彼は感謝するようになりました。

一九八一年三月、高校の卒業記念の黙想会に私も参加することになり、厳律シトー会・西宮の聖母修道院（兵庫県）にお伺いしました。黙想指導に来てくださったイエズス会のマヌエル・ディアス神父は、いきなり「自然と対話してごらんなさい」と一言。私は内心どうすればよいのか分からず、困ってしまい、修道院の庭の一角に座り込みました。

どれくらい時間がたったのか分かりませんが、悲しくもないのに涙が出てきたのです。草木の香り、鳥のさえずり、小さな虫たちのうごめき、少し湿った土の感触などが私の五感に入ってきます。何かが私を包み込んでいる。言葉にするならば、自分は大宇宙の中の小さな存在だけれど、すべてとつながって生きている……という感じでしょうか。

西行法師の「何事のおはしますをばしらねどもかたじけなさに涙こぼるる」（「西行法師家集」板本系より）という歌に出合ったのは、その二十年も後でした。

104 「みんな」の中に潜む無責任への誘惑

最近、「みんな」という言葉の落とし穴について考えています。特に注目したいのは、ソーシャル・メディアと呼ばれるインターネット上での情報交換や意見発信の手段です。これらは匿名性が高く、自らが実名や所属を明言しない限りは、どこの誰の意見なのかは分からないままに放置されます。一方で、面白おかしく作り上げられた情報はどんどんと広がっていき、言いたい放題の状態が生じます。先日、刑法改正が行われ、侮辱罪が厳罰化されましたが、遅きに失する感があります。ソーシャル・メディアの功罪を予期した上で、もっと早くにルール作りをすべきだったと思います。

匿名性が高いと、「みんな」ということばに潜む「偽」のコンセンサス（意見の一致、合意）に紛れて、人間は無責任になっていきます。「責任を持って生きる」とは、自覚的かつ意識的な行為から作られるものであり、一人一人が持っていなくてはならない倫理観の現れであると思います。

「みんな」の中に呑《の》み込まれ、無自覚なままに自らの言動の根拠や影響を考えずにいることは、人生を無責任なものにしていくと言わざるを得ません。

なぜ名前を明らかにするのが嫌なのでしょうか。なぜ自らを無名の存在にしてしまうのでしょうか。匿名性の中に安住することが、どれほど無責任を助長させるのか、考える時に来ています。

旧約聖書のイザヤ書四十九章十六節に「見よ、わたしはあなたを／わたしの手のひらに刻みつける」とあります。これは神が私の名前を手のひらに刻みつけるほど、私を愛し、忘れることはないという、熱烈な愛の表現です。愛したら、その人の名前で呼びたくなる。そしてその名前が、とてもいとおしく尊いものに感じられる。

一方、匿名は名前を捨てている状態です。そこに固有のやり取りはなく、愛への反応も見当たりません。私にだけ与えられたこの名前を「みんな」の中に埋没させず、自らの責任を問いながら生きていきたいものです。

105 ミミズと「進化論」

私は中学生の頃、英語が全くできない生徒でした。日本語を努力して覚えたわけではないけれど、読めて話せるのだから、英語も覚える必要はないだろうと甘く考えていたのです。今、振り返りますと、考えの幼稚さに加え、生来の怠惰な性格が露呈しており、赤面してしまいます。

というわけで、英語は苦手でしたが、毎回とても楽しみにしていた授業がありました。それは理科の授業でした。生物室で授業を受けるのですが、眼鏡をかけた白衣姿の西本裕先生がご担当でした。

よく覚えているのは、ミミズの授業です。「ミミズの体に生えている短い体毛を手でしごいてみなさい」と言われたのです。クラス中がどよめきましたが、勇気ある生徒がミミズに手を伸ばしました。最終的には、ほとんどの生徒がその体験型の授業を楽しみました。

また別の日は、自然環境に恵まれている学校の敷地を活用して、マツタケ探しの授業でした。大きなマツタケを皆で見つけて先生のところに持っていきましたが、その後、どなたが食されたのか、いまだに分かりません。

ある日、「進化論」の話題が出ました。カトリック学校の中学一年生だった私たちは、「進化論」と「天地の創造主」との話で頭の中は混乱状態でした。そこで勇気ある生徒が西本先生に質問をしました。「先生、進化論が本当の話なら、神様が生き物すべてを創ったという話とかみ合わない。先生はどう思いますか？」と。

先生は毅然《きぜん》と、次のような意味のことを言われました。

「進化のプロセスとは、自然に放っておいたら出来上がる、というようなものではありません。生き物が変化していくその時に、大きな力が働かなければ奇跡のような進化は成り立たなかった、と私は思います」

先生のこの一言は、ご自身の信仰宣言のように感じました。生物学を追究する思いと、先生の信仰とは「手をつないでいる」のだと、幼心にも強く感じた瞬間でした。楽しくも深く、何年たっても色あせない教えを頂いたと、今も感謝しています。

106　負うた子にやがてはいつか手を引かれ

私が勤務する人間塾も設立してから十一年がたち、たくさんの大学生たちと出会ってきました。一人一人の人生に豊かな実りがあることを祈りながら、若者と向き合う努力を惜しんだことはありません。

しかし、楽しいことばかりではありません。誤解や中傷に苦しむこともあります。それでも私がこの仕事に大きな意味を感じるのは、人間塾を修了して社会へ巣立っていった彼らの奮闘する姿を目の当たりにするからです。

先月、人間塾に届いた残暑見舞いの中に、久しぶりに見る修了生の名前がありました。転職し元気に頑張っているとの報告に、「あー、よかった。乗り越えたんだな……」と喜びが込み上げてきます。

ここ数カ月は、転勤の報告が相次ぎました。京都から静岡へ、大阪から北海道へ、山梨から京都へ……。働く場所が変わっても、ライフステージに変化があっても、「蒔かれた場所で咲く」花になろうとしている。仕事を通じて世の中の役に立ちたいと、今も念じながら、信じながら生きている彼らに、私は多くを教えられています。

大学生に向けて精神的かつ経済的なサポートを行うのが、私の仕事です。しかし、「学生時代」は社会へ出ていく前の練習期間。失敗することもあるでしょうし、悩んで立ち止まってしまうこともあります。それらの経験を踏まえて、たくましく育てばいいのです。実際の厳しさは、社会へ出てから始まります。理想だけでは動かない現実、寄る辺ない不安、知識や経験の不足から来る自信喪失など、現実社会は魔物です。

そんな時、人間塾のようにいつ戻ってもいい場所があり、弱音を言っても安心な仲間がいたらどんなに心強いことか。彼らをつないでいるものは、互いに支え合おうとする友情と、かつて塾長にたくさん叱られたこと。そして一番大きなものは、少しでも世の中の役に立ちたいという初心の「志」です。このような彼らの心意気に励まされ、私の「今日」は過ぎていくのです。

107　凡夫、コマになる

春に行った人間塾の合宿で、一人の塾生が「私は社会のコマの一つです。大きな社会の中ではとてもちっぽけな存在です。しかし、誇りあるコマとして誠実に生きていきたい」という旨の意見を述べました。

一年前までは、自分の思い描いた生き方がすべてであるかのような頑固な塾生でした。しかし、それから迷いや悩みもあったのでしょう。この大きな変化に、私は大変驚き、そして感動しました。

その後、私は別の塾生に「あなたは自分が社会のコマだと思ったことはありますか」と尋ねました。「人をアッと言わせるようなことがしたい」と思っているのではないかと感じ、聞いてみたのです。

するとこの塾生は、「自分のことを社会のコマだなんて思ったこともないし、絶対にそうなりたくない。もっと社会に影響を与える人間になりたい」と答えました。これは正直な気持ちだったと思いますが、その前に心して学ぶことがあると私は示唆しました。結果として、この学生は人間塾を辞めていきました。

「凡夫《ぼんぷ》」とは仏教の言葉ですが、自分中心に都合よく物事を眺め、自分の欲得に動かされている「普通の人間」のことを指しています。口で言うのは易しいのですが、自分が「凡夫」であることに気付き、それを認めることは大変難しいことです。この私も「凡夫」であることを忘れ、認めることからも遠ざかり、分かったような顔をして生きています。

大きな展望で物事を見た時に、自分のこだわりが微小なものに思えてくる。これが「凡夫」の気付きではないかと思います。気付いたら初めて、違う場所から物事を眺められるようになる。コペルニクス的な発想の転換とでもいうのでしょうか。「私はコマです」と堂々と言える自由さに憧れながら、今日も塾生と語り合っています。

108　宗教リテラシーを夢想する

先日、上智大学のS先生に「宗教リテラシー」という言葉を教えていただきました。リテラシーとは、「読み書きの能力」だと思っていましたが、ここ二十年ほどは「ITリテラシー」という言葉が跋扈していました。その言葉に気を取られている間に、新しいリテラシーが話題になっているのです。それが、「宗教リテラシー」だそうです。「社会生活を営む上で、必要な時、適切な対応の助けとなる宗教知識とその活用能力」くらいの意味でしょうか。

このように考えてみると、私はキリスト教、仏教、神道にはなじみがあります。ユダヤ教に関しては、旧約聖書を通じて少しだけ習ったことはありますが、シナゴーグ（ユダヤ教の会堂）は海外旅行で一度見学したことがあるだけです。イスラムやヒンズー教に至っては、ほとんど知りません。また、新興宗教と呼ばれる世界も私には未知の領域です。何が新興で、何が古いのかもよく分かっていません。

既存の宗教について学校で教えてきたドイツと、教室で全くそれらを語らなかったフランスでは、結果として大きな違いが生まれた、とS先生はおっしゃいました。ドイツでは問題にはならなかったのに、一方、フランスではカルトが大きな社会問題になっているというのです。

特定の宗教団体を糾弾して、解散に追い込むのも一つの考え方だと思います。しかし、同時に、すべての人が宗教に関する基礎知識を持っておくことは、もっと重要なことだと思います。

人間にとっての宗教とは何か、日本社会で語られる宗教と、国際社会で語られる宗教に何らかの差異があるのか。私たちの生活と宗教的慣習との関係は何か、など。一人一人が、特定の宗教に対峙した時に、活用できる有用な知識と対応能力を培うことが早急に必要なのではないかと感じます。

いまだに、宗教とは人々に安寧と平和と幸福をもたらすものであると思い続けている私は、夢想家なのでしょうか。

109　善意の贈り物

イギリスの作家チャールズ・ディケンズの『クリスマス・キャロル』を初めて読んだ時は、最後は皆が幸せになるにもかかわらず、主人公のスクルージ老人の強欲さや自己中心的な性格がとても嫌でした。

一方、アメリカ人作家のオー・ヘンリーが書いた『賢者の贈り物』には、贈り物の行き違いに「あーっ、それを売っちゃだめ！」と幼いながらも、心の中で叫んだ覚えがあります。いずれも、クリスマスを前にして、人間の心の中にある「善意」について考えさせられるお話です。

四十年近く前のことです。当時、米国に留学していた私には、とても親しくしていたアメリカ人夫妻がおりました。毎年十一月の第四木曜日の感謝祭が終わると、この夫妻はクリスマスの準備を始めます。彼らの手帳には、たくさんの名前のリストが書かれていました。個人名だけではなく、福祉団体等の名前も書かれていたと思います。

そして十二月二十四日夜半までの一カ月間、そのリストを毎日見ながら、一つ一つプレゼントを集めていくのです。クリスマスまで、毎日毎日、誰かのことを思い浮かべながら、その人が喜びそうなものを考え続けます。そして良いアイデアに出合うと、それらを購入したり、作ったりするのです。その人たちの顔を思い浮かべて、楽しみながら、プレゼントを選んでいるようでした。

私はその夫妻の、時間も労力も惜しまない姿を見るたびに心動かされました。プレゼントは小さなものでしたが、その人のことを大切に思う気持ちには「善意」があふれていました。

スクルージ老人が人の善意によって自らの善意に目覚めたように。『賢者の贈り物』のデラとジムが、お互いに善意を優先したプレゼントを贈り合ったように。今年のクリスマスは、世界のすべての人々に、善意というプレゼントが届けられることを祈ります。

110　一年の計

新年おめでとうございます。二〇二二年は戦争とコロナウイルス感染症が世界を席巻しました。その闘いはまだ収束を見ていません。多くの命が失われているのも厳然たる事実です。二三年も、現状に慣れてしまわず、心に浮かぶ疑問や迷いに誠実に向き合う日々を過ごしたいと思います。

小学校五年生の頃に、「一年の計は元旦にあり」と書き初めをしたことがあります。幼かった私は、この言葉の持つ意味を理解しないまま、がむしゃらに書いていました。

今ならば、この言葉を味わい、これからの人生についての「計」を思案することができるのに……。その大切さに気付くまでには、相当の時間が必要でした。

ですから、人間塾に集う若者たちには言うのです。「私たちは、『今、ここ』を大切に生きるしかない。この一瞬一瞬もたちまちに『過去』になってしまう。『未来』は常に不確実な本質を持つ。『現在』の積み重ねが、日々の生きた痕跡を残していくのだ。

だからできる限り丁寧に積み重ねよう」と。

昨年の晩秋、私には恩師との別れがありました。九十七歳の恩師は、個人主義や理性主義を批判し、無神論主義に疑問を呈し続けた哲学者でした。出会いから四十年近くたち、ようやく恩師の言葉の重さが分かってきました。また知らないうちに大きな影響を受けていたことにも気付きました。やはり何事にも時間が必要だったのです。

恩師から教えられたのは、心理学や教育に関わる者としての心構えでした。それは自らに思想を問うことであり、信仰に対する向き合い方でもあります。

「一年の計」を考える時、私は、人生に対する心構えの思索から逃げることはできません。そして、どうやってこの三百六十五日を有意義に過ごすのか、大きな課題です。しかし、ちょっと楽しみな課題でもあります。

読者の皆様も、よき一年を。

111　無名者が残した魂の足跡

今から九十二年前、神奈川県川崎市の川崎バプテスト教会で、着任直後の牧師が重症の肺結核のために倒れてしまい、亡くなりました。彼の名は伊藤戒三といい、バプテスト教会の牧師として香川県小豆島から川崎に転任したばかりでした。

彼は、人々の前で聖書について雄弁に語るよりも、結核によって見捨てられた弱者に寄り添うことを選びました。彼を探す時も、教会の中にはその姿はありませんでした。毎日、朝から夜遅くまで、何人もの結核患者の元に通い続けていたからです。患者の多くは、孤独の中で死を待つ状況でした。その人々の隣に居ること、最期の時まで見捨てることなく世話をし続けることに、彼は大きな喜びを感じていました。

結果として、彼の行いは、教会員を増やすことには貢献しませんでした。洗礼に導くことにも、決して積極的ではありませんでした。ただ、この世から消え去っていく魂を、「平安」と「希望」につなぎ留めることだけに一心不乱でした。そして自らも結核に罹患《りかん》し、三十六歳でこの世を去ったのです。

牧師としての彼の人生は大変短いものでした。しかし、数えきれないほどの死者を弔いました。彼は無名の人生を送りました。しかし、孤独の魂にとって、彼はその代弁者であり、最も信頼すべき友でした。彼の人生の意味は何だったのか、何のために生まれてきたのか。それを考えたくて、私は川崎バプテスト教会の跡地を訪ねました。目前には県道一四〇号線が走り、昭和初期の面影はどこを探しても見つかりません。ただ、如月《きさらぎ》の薄青い空に寒風が吹きすさぶだけ。しかし、この寒さだけは当時と同じだったと思いました。人の目には功績少ない人生を歩んだ伊藤戒三。しかし、魂の目には寒風をも包み込む献身への愛が見えたでしょう。

コロナ禍、戦争、経済不安の中、「隣人を愛する」ことは後回し。それでいいのか。無名者の足跡を前に、恥じ入りながら、私は自分に問うています。

112 「依存」から考える

最近出合った一冊のエッセイ集は、近年まれに見る名著。圧倒的な筆力はもちろんのこと、一種の衝撃を受けた読後感に、思わずうなりました。その一冊とは、松本俊彦氏の『誰がために医師はいる』（みすず書房）です。

精神科医である松本氏は嗜癖《しへき》障害治療の専門家ですが、特に薬物依存症に関する知見は広範です。数々の実例が強烈な余韻を読者に残します。個人が特定されないように、各事例のプロフィルを改変していますが、物事の本質には何の影響も与えていません。薬物依存から立ち直る人にも、立ち直れなかった人にも、悲しみと苦しみの個人史が存在していることを、この著作は伝えようとしています。

「違法薬物に手を出すなんて、とんでもない！」「薬物依存症の患者を社会に戻したら危険！」などの意見に、私自身、何の疑問も感じていませんでした。しかし、この本を読み進めていくうちに、取り締まって逮捕したら、それで終わるような生易しい問題ではないことを痛感しました。

嗜癖障害という病気の治療現場は、松本氏のように膨大な心のエネルギーを傾けて挑まなければ、一筋縄ではいかない臨床現場だということも知りました。

嗜癖とはアディクションのことです。一般的には、依存症と理解されています。違法薬物、アルコールなどに対する、社会問題となりがちな依存症を思い浮かべることが多いですが、私たちは「誰でも」「何か」に対して依存することがあるのです。依存という状態自体が悪いのではなく、何に対して、どの程度なのかが問題なのです。そしてその依存は、あなたを傷つけるのか、守るのか……。

Z世代（IT化・デジタル化が進んだ時代に生まれ育った世代）を「メディア依存」と責める向きもありますが、一方で投資家が株の値動きに一喜一憂するのも一種の依存ではないでしょうか。つまり、誰でも何かに依存して生きているのです。安心して日々を生きられるような、人間同士の温かく緩やかな「依存」は育たないものでしょうか。

113　若者たちの復活の春

四月は新年度の始まりですが、先月の末に、人間塾の塾生たち七人が社会へ巣立っていきました。さまざまな教育活動への参加を希望する学生たちに対して、私は、学びの場と機会を提供し、併せてスカラーシップ（給付型奨学金）支援を行う仕事をしています。学生たちは、大学生活と並行して、人間塾の活動に関わり、自分の「存在の意味」や「自らに与えられた使命」について懸命に考えます。

これらの学生たちを塾生と呼んでいますが、四月に入塾して以来、彼らは塾長である私と対峙する場面をたくさん経験します。私は、塾生の五年後、十年後を想像しながら、彼らの中にある素晴らしい賜物を見いだし、それに自らが気付き、磨こうとする姿勢を持つように働きかけます。よって、時には、塾生にとって耳に痛い言葉を伝えなくてはなりません。もちろん、塾生はそのような厳しい状況を好みませんから、うまく回避しようとします。

しかし、数年を共に過ごしていくと、塾生が戦っていたのは、塾長である私ではなく、実は自分自身であったと彼らは気付くようになります。塾長は、塾生を戦いのリングに連れて行くだけのこと。リングに上がった塾生は、心の奥底に横たわっている「自分の姿」を垣間見て、それを受け入れられずに苦しみます。時には自分を嫌悪しながらも、自分をゆるし認めるプロセス（過程）を通じて、自分の「何か」と戦い続けます。いわば、自分の中にある衝動と欲得の欲求から自由になる戦いのようです。そして、同時に出現してくるのは、視線の先の一条の光の中にある「良心」への渇望と憧れ。

何度も倒れるのですが、塾生たちは再び立ち上がることを覚えていきます。これは、彼らなりの「復活」のように感じます。小さな挫折という死。人に譲り、自分は忍耐するという死。良心の声を聞き、彼らが何かを決断した時に、復活の恵みが与えられていることを実感します。ご復活おめでとうございます。

114　非効率性と想定外の現実に生きる

先日、友人がある記事を送ってくれました。その記事の内容は、Z世代の行動や価値観の特徴について書かれたものでした。

Z世代とは、おおむね十八歳から二十六歳くらいまでの若い世代を指します。その記事には、「Z世代は効率的でないとストレスを感じる」「時間を使わないで済む方法を考えている」「予想しなかったことへの適応力が弱い」「結論や答えをすぐに知りたい」などと書かれていました。

私は、「人生とは想定外の出来事の連続だ」と言われて育った世代です。よって、「いざ」という時に、その人の能力が問われると教えられました。一九九五年に発生した阪神・淡路大震災の時、私は人工的に（埋め立てられて）造られた島に住んでいました。ものすごい揺れの中、不思議と頭は冷静でした。揺れの収まった後、すぐに水道の蛇口をひねりました。すると、わずかな水が糸のようにツーっと落ちてきました。すぐにバケツで受けました。数時間後、水は完全に止まりました。同時に交通網も止まり、島と神戸の街をつなぐ橋も壊れました。想定外のことが起こったのです。

その地域にとどまる間、何もできない時間の流れと非生産的な生活を経験しました。効率性とは隔絶した日々でした。結論や答えは、どこを探してもありませんでした。あったのは希望だけ。給水車が来るかもしれない、明日か明後日か……。

しかし、それらはすぐには実現しませんでした。「あっ、これが現実だ」と思いました。記事に紹介されたZ世代の若者たちは、効率性もスピードも通用しない現実を前に、ぐっと踏みとどまっていられるのでしょうか。

ネガティブ・ケイパビリティーという言葉があります。「答えの見つからない、理屈や証明が通用しない事態に耐えながらとどまる能力」という意味ですが、Z世代の若者たちにもこの能力の種はあるはずです。

心の奥底に眠らせたままにしないで、地中の深いところから芽を出してほしい。やはり人生は想定外のことが多いのです。その時に、自分の足で立ち、歩いていけるように、種を芽吹かせてほしいと願います。

115　歩け歩け、自分の足で

今年の五月の連休に、人間塾では四年ぶりに香川県小豆島での「お遍路研修」を再開しました。「お遍路研修」とは、島にある八十八カ所の寺院や山岳霊場を歩いて訪ねるものです。私は、お遍路に普遍的な意味を感じており、二〇一一年から教育プログラムに取り入れています。

塾生たちの「お遍路研修」での生活は、都会のそれとは全く異なります。まず、パソコンなどの電子機器を手放さなくてはなりません。その代わり、杖、飲み水、賽銭《さいせん》用の小銭少々、そして手拭いを持って歩きます。朝食は六時から。六時五十分に出発し、宿に戻るのは十七時過ぎ。十八時半から夕食。消灯は二十二時。

このような規則正しい生活は、都会では実行が難しいと思われます。勉強や読書も禁止ですから、遍路みちをひたすら歩くことしか、することはないのです。峰を越え、峠を上り下りしますので、慣れた人に導いていただきます。今年も先達は、長年の経験を持つ森下忠雄さんという方にお願いしました。

五月五日のお昼のことです。山から下りてきた塾生たちは、地域の方々から、心尽くしの「お接待」を受けました。何十食という「うどん」を用意してくださり、見ず知らずの若者たちに手作りのきつねうどんを振る舞ってくださったのです。皆、何杯もお代わりをさせていただきました。

歩き続ける若者たちへのねぎらいはもちろんのこと、遍路をする人に自らの祈りを託す文化が、小豆島には残っています。

私はその光景を見て、西行の「何事のおはしますをばしらねどもかたじけなさに涙こぼるる」という歌を思い出しました（本書第103回参照）。私自身、何かに心を揺さぶられ、思わず涙があふれそうになりました。塾生たちも、「感謝せずにはいられない」思いで胸がいっぱいになった、と後に語っていました。そこには、単なる親切以上の何かが存在していたような気がします。

不思議な島、小豆島。歩くことを通じて、多くを気付かせてくれるお遍路。素朴な「ぬくもり」をお接待していただき、「来年も帰ってきます」と約束して別れた五月の連休でした。

116　三万六千五百時間をどう使う？

電車に乗り込んで来た三十歳くらいの若い青年。空いた席に素早く座り、間髪入れずに手に持っていたスマートフォンを両手で操作し始めました。彼の目はスマホの画面にくぎ付けで、両手の両親指は腱鞘《けんしょう》炎になるのではないかと心配するほど素早く動き続けています。どうやらゲームに熱中しているようです。

電車の中を見回すと、親指腱鞘炎予備軍の人々がたくさん……。

ゲームには依存性があると以前から言われています。「依存性」とは、やめたくてもやめられない状態に陥ることであり、ゲームには、その依存性を引き起こす内容を含んだものが多いのです。そして人間は依存に弱いという傾向があります。

ゲームに熱中することによって、ドーパミンという神経伝達物質が大量に分泌され、人間の脳に興奮状態を作ります。この脳内の興奮状態によって、ゲーム時間のコントロール（管理）が困難になり、日常生活の最優先事項がゲームになってしまうことがあります。「課金」するゲームもありますので、経済的困窮に追い込まれるケースも考えられます。

小学校に入る前からゲームに囲まれている生活が当たり前。そして中学、高校、大学と進んできて、試験やレポートに向き合うモチベーション（動機付け）は何でしょうか。ゲームへの依存性の強い人にとっては、「これらを終えれば、あとは思う存分ゲームができる！」というものだそうです。しかし、（少なく見積もって）一日五時間のゲームを二十年間続けた場合、三万六千五百時間を費やしたことになります。

人生には、さまざまなことで悩んだり、考えたり、答えの出ないことに思いを巡らすような体験が大切です。いや、必要といってもよいでしょう。三万六千五百時間あれば、何か違ったことができそうです。自分自身をゲームの世界の中だけに閉じ込めないでほしいと願います。この世界には面白そうなことがいくつもあることに気付いてほしい。ただし、リセット、セーブ、カウンターストップなどの機能はありません。

117　人間の鎖、自由への道

最近、ジョージ・オーウェルの名著『一九八四年』を読みました。七十年以上前に出版された本ですが、独裁主義、全体主義を痛烈に批判したオーウェルの力作で、現在の世界情勢に近いものが描かれています。

中でも注目したのは、本の中に出てくる双方向型の音声付きカメラを仕込んだ「テレスクリーン」です。国家から二十四時間監視され、家族間の会話さえも管理されています。学校では徹底した国家崇拝主義が教え込まれ、親が油断して国家批判を口にしようものなら、（小学生の）子どもが親を摘発するのです。

現実社会では昨今、ＡＩ（人工知能）の活用が当たり前になり、特に生成ＡＩなるものが大きな発展を遂げています。これはコンピューターの技術を駆使して、音楽、絵画、映画や小説に至るまで幅広く、さまざまなものを創り出すことができるプログラムです。人間が自分の言葉を失い、ＡＩが生成した言葉を、あたかも自分が生み出した言葉のように語る日もそう遠くはないでしょう。

オーウェルの『一九八四年』の中では、誰も自分の言葉を語りません。自分の意志と信念を表す言葉は、国の求めるところではないからです。小説の中の「国」は一党支配の国家です。国家の現状を肯定するために、歴史を書き換える部署があり、役人たちは毎日、過去を捏造《ねつぞう》しています。

四年前の八月二十三日、私はラトビアを訪れていました。くしくもその日は、「バルトの道」の記念日でした。一九八九年八月二十三日にエストニア、ラトビア、リトアニアの三地域は「人間の鎖」をつくることを申し合わせていました。二百万人が国境を越えて六百キロの道に並び、十五分間手をつなぎました。当時の統治国であるソビエト連邦に自由への希求を示すためでした。命懸けの「鎖」は、自分の言葉を持つ人々の信念の「道」になりました。

かつてのKGB《カーゲーベー》（ソビエトの秘密警察）の建物につながる大通りで、人々が誇らしくこの日を祝っていました。自由は、それを望む人間がいて、命を賭してでも手に入れ、大切にすべきものです。今年の八月もバルト三国では「人間の鎖の道」を祝うことでしょう。

118 彷徨《ほうこう》するカトリック学校

「カトリック学校ならではの心の教育に期待」「目に見えないものを大切に」「祈りと奉仕の精神を教えてほしい」などの理由から、カトリック学校を選ぶ保護者の割合は、実際にどれくらいあるのでしょうか。特に小学校から高等学校までの学校選択には保護者の意図が大きく関係します。大学受験だけを考えるならば、上記の理由は限りなく少数派であると思いますが。

私は、保護者の本音と、それを意識する学校側の姿勢に大変興味を持っています。カトリック学校も教職員あっての教育ですし、施設や設備も整えなくてはなりません。よって、児童・生徒の人数確保は、何をおいても経営の中心的課題になります。

しかし昨今は、学校の伝統や名前よりも「実」を選ぶ傾向が強いと聞きます。小学校ならば、給食の充実から始まり、放課後の預かり体制まで、家庭教育を学校にアウトソーシング（委託）できるかどうかが判断基準の一つになっています。

また、中学校以上の校種になると、大学受験への取り組みや、外国語習得、国際交流活動、ＩＣＴ（情報通信技術）化の充実まで、親の期待は教育サービスの中身に向けられています。

では、カトリック学校の特色は、ごく一般の保護者にはどう受け止められているのでしょうか。ないよりはあった方が「まし」程度の受け止めなのか、積極的に何をおいても「それが最も大切」と思われているのか。現実的には、私立学校は一種のサービス業ではないかと思うほど、保護者の顔色をうかがい、その評価に一喜一憂するところまで来ているような気がします。

時代の変化と共にカトリック学校の体制も変わってきました。もちろん、一つ一つの学校には教育方針があり、創立者の霊性が生きていると思います。よって、「カトリック学校」という一言ではくくることのできない多様性があることも理解しています。

しかし、カトリックの中にある「普遍性」を守るならば、譲ってはいけない大切なものがあると思うのです。それらがだんだんと希薄になっていく予感が……。保護者は学校にとって、顧客か消費者か協働者なのか？　私は大いに疑問を感じます。皆さんはどうお考えになりますか？

119　希望の中の忍耐力

九月のシルバーウイークに人間塾の軽井沢（長野県）合宿を実施しました。二泊三日の合宿中、学生たちは自分自身を深く見つめ直すことが求められます。私の役割は、彼らの気付きを助けるために、いくつかの経験談やエピソードを提供すること。そして、それに対する彼らの反応に耳を傾けることです。

自分の課題に気付きながらも、一般論に逃げたり、抽象論で済まそうとする学生には、自分の言葉で語ることの大切さを伝えます。しかし、「自分の言葉で語る」のは、簡単なことではありません。「自分を格好よく見せたい、自分の弱みを隠しておきたい」とひそかに願っているうちは、〝借り物の言葉〟を操ることに懸命になります。自らの弱さにじっくりと向き合っていない学生が増えてきたという懸念を感じています。

今回の合宿中、学生たちにとって試練だったのは、「すぐに答えの出ないことに対する耐性」が随所で求められたことでした。将来に対しての不安は誰もが持っていますが、同時に誠意をもって「現在」を生きることの大切さを忘れてはいけないと思います。

よって、予測できない未来に向かって、この現実を受け入れ生きる時、大きな忍耐力が求められます。希望を持ちながらも、不条理を前にその要因や影響をじっくりと思考する渦中に自分を留まらせることができるのか。そのような姿勢が大切になってきます。

合宿の最終日、学生たちは、「どのような方向に向かって自分は生きていくのか」という問いについて考えたことを分かち合いました。半年前には全く予想しなかった進路を選んだある学生は、次のように言いました。

「導かれてここまで来たとしか思えない状況にあって、目の前の波に命を懸けて乗ってみようと思います」

これは力強い宣言でした。

早急に答えを求めるのではなく、自分の置かれた場所に自分の足で立ち、不確かなこの世界を歩んでいく若者たち。その背中にエールを送ります。いつまでも、そして、どこに居ても。

120　分際を生きるとは

先日、香川県にある小豆島を訪ねました。朗読劇を上演するための訪問でしたが、三つの異なる場所で、さまざまな世代や地域の方々に見ていただきました。実は、小豆島出身のある女性の生き方に興味を覚え、この人を主題にして私は朗読劇を作りました。

朗読劇のタイトルは「分際《ぶんざい》」といいます。分際とは、自らに与えられた役割を受け入れ、その役割の意味を信じて生きることを表しています。

公演の最終日、出口のところで、ご来場の皆さんにお見送りのごあいさつをしていると、一人のお客様が近づいてこられました。

「仲野さん、劇中の台詞《せりふ》の中に、『おばあちゃんは私のことを一番愛してくれたと、私は今も思っています』とありましたね。今日、私も、私を一番愛して育ててくれた人のことを思い出しました。そして、今度は私が孫にとって一番愛してくれた存在になりたいと思います。愛は世代でつないでいくものですね」と感想を言ってくださいました。

また、別のお客様は、「私は八十歳になりますが、この年寄りでも自分の役割があると信じて『分際』を全うしたいです」とおっしゃいました。

この朗読劇で問いたいことは、「地球社会を生きる人間すべてに神から与えられた役割があり、その役割に真摯に向き合い、献身を覚悟で生きることが大切なのではないか」ということです。そして、「名も無い人々こそが長い人類の歴史をつくってきた。懸命に生き、愛し、人を支え、そして支えられ。この一つ一つの命の存在の意味は何であるのか」を、この時代だからこそ、皆さんと考えたいと思っています。

小豆島の皆さんは、それぞれにこのメッセージを持ち帰ってくださったように思います。そしてそれ以上に、この朗読劇を書いた私が、小豆島に生きるたくさんの「人生」に出会わせていただきました。四百三十六年前に高山右近の隠棲を受け入れた小豆島は、今もなお懐の大きな島でした。

121 「きよしこの夜」へ導く休戦合意

一九一四年、第一次世界大戦の最中にクリスマス休戦が発生したという話を聞いたことがありますか。フランドル地方に位置するフランス北部の前線では、ドイツとイギリスの戦いが長期化していました。

その日はくしくも十二月二十四日、クリスマスイブの夜でした。イギリス側の塹壕《ざんごう》の中で息をひそめていた兵士は、向かい合うドイツ軍の塹壕の中に、クリスマスツリーを発見しました。そして、ドイツ語で歌う「きよしこの夜」が耳に入ってきたのです。イギリス兵たちは、たいそう驚いたそうです。

一八一八年十二月二十四日に、オーストリアのザルツブルク郊外にあるオーベルンドルフの小さな教会で「きよしこの夜」は、初めて演奏されました。オルガンが壊れてしまい使えなくなったので、急場しのぎでギター伴奏できる曲が作られたのです。

歌詞はヨゼフ・モールによってドイツ語で書かれ、作曲は教会のオルガン奏者だったフランツ・グルーバーでした。この美しくあたたかい曲は、徐々にヨーロッパ全土で愛されるクリスマスソングになっていきました。

そして約百年後、第一次世界大戦の前線で、クリスマスイブの夜、ドイツ兵とイギリス兵によって、この歌は歌われることになります。ドイツ兵の歌声につられて、イギリス兵たちも塹壕の中で英語の「きよしこの夜」を歌ったそうです。やがて夜が明け、塹壕から両国の兵士たちが出てきて、自然と休戦状態になりました。

「きよしこの夜」が作られて、今年は二百五年目のクリスマスを迎えます。しかも、終わりが見えない戦争の中で。今は塹壕の中から銃を撃つような戦争ではありません。ＩＴの技術を駆使し、おまけにその戦況がソーシャル・メディアによってライブ配信される時代です。

しかし私は、自発的休戦を行ったかつての兵士たちの心の中の良心を信じたいのです。傷ついた人間へのあわれみと、生きたいと願う人々への共感が死ぬことはないと。「きよしこの夜」がつないだクリスマスへの郷愁と、戦わないことを選ぶ勇気を信じたいのです。

122　世界平和の日に思う

読者の皆様、二〇二四年明けましておめでとうございます。

前回「奇跡的なクリスマス休戦」のエピソードをご紹介しましたが、その際、第一次世界大戦中の出来事を少し調べてみました。すると、当時のローマ教皇ベネディクト十五世の興味深いエピソードに行き当たりました。

一九一四年七月二十七日の第一次世界大戦の勃発後、同年九月三日に教皇に就任したベネディクト十五世は、バチカンの中立性を宣言し、国家と国家、国家と教会の関係修復に努力されました。ベネディクト十五世は、同年十二月に世界大戦に参加している国々のカトリック教徒たちに「天使が歌った夜（クリスマス）までには銃声が静かになるように」と訴えました。

その影響の大きさは分かりませんが、実際にフランドル地方ではクリスマス休戦が実現したのです。教皇は大戦中、世界中のカトリック信者に奉仕活動に尽力するよう常に呼びかけていました。その結果、「宣教師教皇」と呼ばれるようになりました。

カトリック教会では、毎年一月一日を「世界平和の日」とし、教皇はメッセージを発表されます。その主旨は「戦争や分裂、憎しみや飢餓などのない平和な世界を祈る」ことにあります。

私たちは、他国の戦争を「対岸の火事」と思ってはいないでしょうか。平和の独り占めは許されません。自分がしてもらってうれしいことは人にするのは当然、されて嫌なことを人にしてはいけない、という「黄金律」は、物心ついた時から教えられる道徳心の源です。言葉は平易ですが、実行は困難です。

しかし、この教えを日常生活でも忘れないで、今を生きることが大切だと思います。信条の違いを超えて、一人一人が平和のつくり人、いや少なくとも継承者にならなくては、「世界平和の日」のメッセージはいつまでたっても「書いたことば」に終わってしまいます。なぜならば、「生きたことば」は私たちの生活の中で動き始めるからです。

123　地震の後のこれから……

今年の元日に大地震が発生しました。能登半島地震で被害に遭われた方々に心よりお見舞いを申し上げます。

一九九五年一月十七日五時四十六分に発生した阪神・淡路大震災に私も遭遇した一人です。当時、神戸港の沖合に埋め立てによって作られた人工島にある集合住宅に住んでいました。揺れが収まり、すぐに非常階段で地上まで下りましたが、非常階段の中も鉄骨がむき出しになっていました。地上までたどり着いたら、埋め立て地ということもあり、至るところで液状化現象が起こっていました。まるで噴水のように、地面から水が噴き上がっていました。地面は陥没と隆起でボコボコでした。

最も困ったのは、ライフラインの遮断でした。本州側から海底ケーブルを通ってさまざまなライフラインが通っていましたが、断水、停電、ガスの休止を長く経験しました。電話も通じませんでした。携帯電話のアンテナも被害を受けたらしく、外部との連絡は全く取れませんでした。すべてのライフラインの復旧には半年以上かかったように記憶しています。

その後、本州側と人工島を結ぶ橋（引きちぎられ二〜三メートルの間隔が空いていました）も修復され、人工島に仮設住宅がたくさん作られました。そして、一年もたたないうちに、孤独死が多く発見されました。それは、将来を悲観して、人と人とのつながりを〝放棄〟した人々であったのかもしれません。巡回医療も始まっていましたが、生きる気力が失われたら、身体的なエネルギーも湧いてはこないと思いました。

このたびの能登半島地震からの復興の中、人は人とつながって初めて社会の中で、前向きに生きていくことができます。孤立すること、孤独の中に閉じこもることがないように、私たちにできることは何かを考えています。

私たちが頂いたこの命を十分に味わって生きていくためにも、絶望の中に一筋の希望の光が見えることを願います。私、そしてあなたにできることは何でしょうか。それに真剣に向き合い、実践したいと強く思います。

124　ただ感謝のみ

二月の中旬に、人間塾の合宿を行いました。塾生たちは、年度末を迎えるに当たり、今までの学びについて振り返る時間を持ちました。今回の合宿では、私は、これらの学生たちに「覚悟を決める」ことについて考えてほしいと思っていました。

しかし、これは社会人として長く生きてきた私自身にとっても、大変大きなテーマなのです。自分の人生において、何度も決意してきたことはありますが、腹をくくって「覚悟を決める」という体験は、そう何度も訪れるものではありません。

純粋で多感な時期を生きる彼らが「覚悟」について真摯に向き合い、意見を交わす光景を見て、私は大きな感動を覚えました。若い時期を過ごす中で、彼らにも「覚悟を決める」機会はあるのです。

私は、独楽《こま》を例えにして話をしました。独楽は、回っている間は軸を真っすぐ保ち勢いよく回転しますが、やがてその回転は緩やかになり、停止し、最後には倒れてしまいます。

人生も同じようなことの繰り返しのように感じます。困難に遭遇したり裏切られたりすると、その回転は勢いを失い、やがては止まり倒れます。しかし、独楽の中心を貫く軸がある限り、再び自らの意思で立ち上がり、もう一度回り始めることもできるのです。

「自分さえ良かったらいい」「人のことなど自分には関係ない」というような風潮の中で、この若者たちには軸を持ち続けてほしい。倒れても起き上がり、再び勢いよく回り始める独楽のような再生力を持ってほしいと。独楽と独楽は時にはぶつかり合いますが、このような研さんも人生には必要なのです。

最後の分かち合いの時間に、各自が「覚悟」について意見を述べました。ある塾生は「これからの生き方について覚悟は決まりました。今はただ感謝しか出てきません」と述べました。すべてをそぎ落とした時、感謝しか思い当たらないと彼は言うのです。

この言葉は、四旬節を過ごす私に、大きな気付きを与えてくれました。「ただ感謝のみ」という一言が。

125 私にとっての復活

ご復活、おめでとうございます。ようやく春の訪れを感じる季節となりました。今年は桜の開花も、例年よりは少し遅くなり、新年度を迎える皆さんには、心弾む美しい季節となりました。

ただ、元日から多くの予期せぬことが起こりました。特に、能登半島一帯を襲った大地震によって、いまだに多くの方々が大変な生活をしておられることに心が痛みます。能登地方の方々の一日も早い復興と立ち直りを心から祈っております。

さて、復活節の始まりに、参加したミサでのこと。司式された神父様が、説教の中で「キリスト教では受難がなければ復活はないのです」とおっしゃいました。もちろん、その前後に聖書の朗読箇所を丁寧に説明され、穏やかで温かなお話をしてくださいました。しかし、この「受難がなければ復活は起こらない」という言葉には、心揺さぶる激しさを感じました。そして同時に、神への強い信頼といちずな情熱をも感じさせる言葉の響きでした。

私は、ハッとしました。知識として「キリストが死ななければ復活もない」と教えられてきましたが、自分自身、腹の底からそう思っていたのかどうか……。

今年は一月から四月まで、怒濤《どとう》のようにさまざまな出来事が私の身の上に起こりました。そのほとんどは悲しいことであり、ショックなことでした。しかし、私は神父様の「受難がなければ復活はない」という言葉に、突き動かされ、目から鱗が落ちる思いがしました。

この言葉は、「受難があるからこそ復活できる」という意味にも受け止めることができます。この言葉を聞かせていただいて、がぜん、勇気が湧いてきました。しぼみかけていた心にいのちの水が注がれたようでした。

できることを精いっぱいやってみる。努力を惜しまず、目先の結果に一喜一憂しない。一度決めたことは諦めないで、心の中でその実現を念じ続ける。このように、私は自分にとっての「復活」を受け止めています。もちろん、言うは易く行うは難しです。新年度の始めに当たり、頂いた「復活の恵み」を真っすぐに生きていきたいと思います。

126 私はやっぱり紙が好き

紙媒体を通じた情報収集が、デジタル情報よりも知的な刺激を与え、集中力をもって文脈理解を促すことは周知の事実です。インターネットやSNS（交流サイト）からの情報は、マルチメディア、すなわち多様な情報源（動画や音楽など）を駆使する際には、便利な道具です。

しかし、紙媒体特有の紙をめくる行為は、「読む」という行動を実感させるとともに、その紙のどの辺りに何が書いてあったかという「場所の記憶」にも影響を与えます。

特に、哲学的なテーマや宗教、文学、歴史などは、その内容の理解のためにはより深い集中力と洞察力が求められます。読み手にとって、それらは単なる情報として受容されるのではなく、自らの人生体験と照らし合わせたり、抽象的な事象に想像力を膨らませたりするための材料です。この思索的試みは、紙媒体で行うのがより便利と思われます。デジタル媒体はこの手の事柄は苦手です。

昨今は何でもかんでもデジタル化を進める風潮にありますが、この世から紙媒体が無くなることはないと、私は思います。多くの文書がデジタル化されていきますが、そのデジタル化された情報の置き場所は、インターネット上に作られたクラウド（インターネット上にデータを保管するシステム）であることが多いです。このクラウドはさまざまな情報を共有したり、手軽な情報の置き場所として使われたりしています。

しかし、私の心配は、情報漏えいとクラウドへのサイバー攻撃です。

よって、私自身も仕事で生み出されるさまざまな産物をデジタル化しますが、同時に、重要なものや何度も見返さなくてはならないものは、紙媒体にして残しています。

紙の値段の高騰（これは世界で起きている戦争にも要因があります）や、若者の活字離れ（これは学校教育にも課題があります）などの理由で、多くの紙媒体がデジタル化されていますが、最後に残るのはやはり「紙」でしょう。

紙媒体とデジタル媒体の両方を、「分け隔てなく」持っていればよいのではないでしょうか。利用者が選べばいいのですから。ただし、SNSは一瞬のうちに流れ去り、記憶に留まることは少ないのです。さてこれからどうなっていくのでしょうか……。

127　何を選ぶかではなくどう生きたかが問題だ

先日大変ご恩のある方のお母様がお亡くなりになり、急きょ九州にある小林市へ行き、告別式に参列いたしました。ここは日本一「星が美しく見える」町だと言われています。

斎場に到着し、ご家族の皆様とごあいさつをいたしました。また故人のお顔を拝見し、今までのご恩に感謝をささげました。安らかなお顔に安堵いたしました。告別式は、浄土真宗本願寺派の仏式でのお式でした。私の実家も父方は浄土真宗、母方は真言宗という仏教の環境で育ちましたので、仏式の告別式には懐かしさを感じました。

お導師様（僧侶）が入場され、お経を唱えられました。その途中で、お導師様は浄土真宗における「今生での別れ」について仏説を基にお話しされました。

「阿弥陀如来のおおせられけるようは、『末代の凡夫、罪業のわれらたらんもの、つみはいかほどふかくとも、われを一心にたのまん衆生《しゅじょう》をば、かならずすくうべし』とおおせられたり」（蓮如上人「疫癘《えきれい》の御文」より）

私なりに解釈いたしますと、「私たち人間は心に生じる迷いや疑いをなかなか払拭できない弱い存在であり、いわば凡夫である。しかし阿弥陀様は、必死に祈り悔い改めようとする者たちを必ず救い出し極楽往生させてやりたいという本願を持って人間を見守っておられる」ということだと思いました。

お導師様が語ってくださる阿弥陀如来の本願を伺っていると、「キリストが罪ある私たち人間を救いたいと思い、自らの十字架の死を通じて、今現在も私たち人間を愛しゆるしてくださっている」ことと同じように聞こえてきます。

かつて大学生の頃、「富士山への登山道はいくつもある。目指すところは同じであるが、いずれの登山道を選ぶか、また選ばされるかは人によって違う。しかし、心して真剣に歩んで行けば、その頂上で違う道を歩いた人と再会できる」と、教えていただいたことがあります。

四十二年前、私の受洗に反対していた母にどのように理解してもらえばよいかを考えている時に、ある方から教えていただいた言葉です。どの宗教を選んだかが問題ではなく、その教えを実際にどう生きたかが最重要課題だと思うのです。

128　習字から見る危うい謙虚さ

「六十の手習い」とは、年を取ってから学問や習い事をすることを言いますが、私もいくつか習い事を続けています。どれを取っても目覚ましい上達とは縁遠いのですが、「継続は力なり」を信じて習い事を続けているのです。

その中でも、特に習字は毎回格闘の連続です。人間塾の年度始まりは四月、終わりは三月です。一般の学校と同じように、三月には（卒塾式とは言わずに）修了式を迎えます。

その時に、人間塾を巣立っていく若者たちへ、修了証書の代わりに私の「書」を贈るのが慣例となっています。その人にふさわしい文字や言葉を考えて、どのような書体で表現するのか悩みながら、一人一人の塾生としての日々を思い浮かべながら書くのです。時には造語になることもあれば、漢詩の一部を拝借したり、仮名で書いてみたりと、はがきの大きさにその人に贈りたい世界を書き込みます。

三月の修了式に向けて書き始めるのは九月ごろ。今はまだ七月ですので、心に少し余裕があります。どんな言葉や文字を贈るのがいいのか、私は塾生観察を続けていま す。人間塾が始まって以来、十三年間書き続けていますが、なかなか上手《うま》くなりませ ん。それでも、教え子たち一人一人に世界で一枚しかない「書」を贈りたいと思って います。

しかし時々、手渡す「書」を書き終えてから、修了ぎりぎりの二月ごろに、思わぬ成長を遂げる塾生が出現することがあります。そうなると、その人への言葉を書き直さなくてはなりません。もう一度、言葉を考え直し、試行錯誤の中で書体を決めて、迫ってくる修了式当日に向けて、私は苦しむのです。

人間の成長は本当に不思議な出来事です。予想以上のことが多々起こります。そんな中、習字を通じて、常日頃忘れている謙虚さを、私はかろうじて保っているのかもしれません。

「六十の手習い」は、私にとって心の修行でもあるのです。

129　祈りのピアノ

初夏のある日、知人と共にピアノコンサートに出掛けました。私はこのピアニストの発するピアノの音一つ一つに充満する「祈り」に出合いたかったのです。

このピアニストとは鮫島《さめじま》明子さん。繊細に弾こうが、激しく音を響かせようが、私には鮫島さんの奏でるすべての音が、大いなるものへの「祈り」に聞こえてきます。

鮫島さんはピアノの前に座ると、ほとんど間髪を入れずに、すぐに鍵盤に手を乗せて演奏を始められます。聴衆からどう見られているかという自我意識は、とうの昔に手放されているのでしょう。鮫島さんの演奏には不思議な力があり、ピアノを通じて何かに祈りをささげている場面に、私たち聴衆は立ち会わせていただいているような気がします。

この間、人間塾の卒業生がドイツのある音楽院に合格しました。多くの方々のご指導が彼の音楽院合格につながったと思いますが、最大の影響を与えてくださったのは鮫島さんでした。

鮫島さんのコンサートに彼と一緒に出掛けたのは二〇二三年の三月。この若者は終演後、立ち上がれないくらいの感動と衝撃を受けていました。これをきっかけに、彼は鮫島先生にレッスンをしていただくようになりました。彼はだんだんと変化していきました。ピアノ演奏はもとより、精神的に少しずつ自分を俯瞰するようになりました。自分を客観的に見ながら、同時に自らの主観を見つめるようになっていったのです。

初夏のある日のコンサート第一部の終わりに、ショパンのスケルツォ第二番（変ロ短調作品三十二）を鮫島さんは演奏されました。ショパンの切なく苦しい心情と、それを嘲笑するようなニヒリズム（虚無主義）、しかし自らの運命に抗えないことへの激しい感情のうねりと諦観とが、交互になって私の心に襲いかかってきます。

そして、知らぬ間にその世界を俯瞰させるような鮫島さんの演奏。「ああ、これが音楽か」と感じ入ったことは言うまでもありません。

私は思うのです。祈りとはそう簡単なものではないと。鮫島さんのピアノのように、全身全霊を込めて祈らなくてはならないことを。

130　ダンスに込めた自由の翼

今年七月二十六日から八月十一日まで、フランス・パリで三十三回目のオリンピックが開催されました。印象深い場面はたくさんありましたが、今も頭から離れない一つの光景があります。それは、今回新たに種目となったブレイキン（アクロバティックな動きを取り入れたダンス）の女子の初戦でした。

国際オリンピック委員会（ＩＯＣ）難民選手団から出場したアフガニスタン出身の難民マニジャ・タラシュさんの演技が始まって、しばらくした時のことです。

タラシュさんはダンスの途中で着ていた上着を脱ぎました。すると背中に「FREE《フリー》 AFGHAN《アフガン》 WOMEN《ウイメン》（アフガニスタンの女性に自由を）」の文字が書かれた青い鳥の翼のような衣装が出現したのです。

そのままタラシュさんは踊り続けましたが、試合直後、彼女には失格処分という判定が下されました。オリンピック大会組織委員会は、タラシュさんの背中に書かれていたメッセージを「ＩＯＣが定める政治的意思表現」と見なし、失格処分にしたのです。

タリバンの侵攻以来、アフガニスタンでは女性に対する教育や就労、スポーツなどにおける自由が奪われています。ダンスをすることも許されなかったタラシュさんは、母国を脱出し、難民となりました。今回のＩＯＣ難民選手団は三十六人。一億人を超える世界中の難民の希望の星としてオリンピックに参加しました。

タラシュさんは、失格覚悟で今回のパフォーマンス（演技）を実行したのだと思います。なぜならば、自分の行為に悔いはない、むしろ誇りを持っている、と後に述べているからです。

私は思うのです。ＩＯＣ難民選手団の存在そのものが、すでにＩＯＣの政治的意思表現ではないのかと。ロシアやベラルーシの参加は禁止され、イスラエルの参加はＯＫだったのも、政治的意思表現ではないのかと。

そして、オリンピック開催中、教皇様の人道的意思表現である「休戦要求」が受け入れられることはありませんでした。遺憾千万。

おわりに

このエッセイの連載が始まった頃は、私は、きちんと約束の字数を守っていました。六百字から七百字くらいの長さで始まったと思います。しかし、月日がたつにつれ、少しずつ字数が増えていきました。

自分の思いの丈を大まかに書くと、約千字から千二百字くらいの長さです。そこから文章をスリムにしていくのですが、どうしても伝えたいことを削るわけにはいきません。あれやこれやと言葉を入れ替えたり、類似語を探してきたりしながら、七百字くらいに収めるのに必死でした。しかし、ある時八百字を超えてしまったことがあるのです。どうしようかな、大丈夫かな、と思いながら編集者の大元さんに原稿を送りました。削ってくださいと要請があれば、もう少し短くしなくてはと思っていました。しかし、そのまま原稿はパスし、紙面に掲載されました。もちろん、他の記事のスペースを横取りしたことは間違いありません。それ以来、エッセイの長さは八百字を超えています。

百三十回の連載の中で、文章の内容をそのまま掲載することが可能かどうかの確認案件は二回だけでした。あとは、すべて、私の書きたいことを書かせていただきました。校正も誤字脱字のチェックだけで、内容への注文は一回もありませんでした。言いたい放題をゆるしてくださり、自由闊達《かったつ》に書かせてくださったのはひとえに編集者のお力です。この場をお借りして、カトリック新聞社の大元麻美さんに心からの感謝を申し上げます。また寛大なお心でいつも見守ってくださったカトリック新聞社編集部の皆様にも厚く御礼を申し上げます。

今回の出版にあたり、数ある出版社からことごとく断られた私が、ここ以外にお願いできるところはないと門をたたいたのが、キリスト新聞社でした。編集者の富張唯さんが、今回の企画を実現してくださいました。素晴らしい校正力と調査力をお持ちの富張さんに、心からの感謝を申し上げます。

私の教え子の一人である遊馬大空君の油絵作品を見た時に、いつかこの絵を何かに載せたい、と直観的に思いました。本書の扉の絵は遊馬君の作品です。大空君、快く掲載を許してくださり、本当にありがとうございました。

最後に……。

小林聖心女子学院の中学校入試の日、私を受け入れてくださり、教え導き、最期の時まで信じ続けてくださったシスター竹井恒子先生の御前に本書をおささげいたします。

二〇二四年十二月

仕事で訪れた香川県小豆島にて

仲野　好重

<著者紹介>

仲野好重（なかの・よしえ）

1962年、兵庫県生まれ。聖心女子大学を卒業後、米国・セントルイス大学大学院にてPh.D.（心理学）。尼崎市教育委員長ならびに大学教授を経て、2011年7月から一般財団法人人間塾塾長。2012年から2022年まで尼崎市文化振興財団理事長。専門は心理学、人間発達、生涯教育。持ち前のユーモアで、難しい印象になりがちな心理学を分かりやすく解説する。教育活動のベースは、心理学、哲学、教育学、芸術など多岐にわたる。人間の可能性と才能を発見し引き出すことが自らの天職と信じ、全身全霊を込めて邁進中。

装丁：長尾　優

君は捨てたものじゃない！

2025年4月25日　第1版第1刷発行

著　者　仲野好重

発行所　株式会社キリスト新聞社出版事業課

〒112-0014 東京都文京区関口1-44-4 宗屋関口ビル7階

電話 03-5579-2432

FAX03-5579-2433

URL. http://www.kirishin.com

E-Mail. support@kirishin.com

印刷所　株式会社光陽メディア

ISBN978-4-87395-845-3 C0016（日キ販）

Printed in Japan